KB263198

딥러닝바이블 마가복음

초　판 | 1쇄 2024년 11월 11일

지 은 이　|　오승근
정보맵핑　|　이야기 연구소
삽　　　화　|　정예진
디 자 인　|　박유영
특허등록　|　제 10-2393860 호

펴 낸 곳　|　(주)도서출판동행
펴 낸 이　|　오승근
제 작 처　|　다온피앤피
출판등록　|　2020년 3월 20일 제2020-000005호
주　　　소　|　부산광역시 부산진구 동천로109, 9층
이 메 일　|　withyou@withyoubooks.com
홈페이지　|　withyoubooks.com
카카오톡　|　@동행출판사

ISBN 979-11-91648-26-3

마가복음

딥러닝바이블

마가복음
딥러닝바이블

도서출판 동행

이런 마음에서 출발했습니다.

성경을 읽을 때 앞뒤 문맥을 깊이 이해하면 읽고 있는 부분의 의미가 더욱 명확해집니다. 그래서 성경은 처음부터 끝까지 이어서 읽는 것이 좋은데, 현대의 우리에게는 쉽지 않은 일입니다. 딥러닝 바이블은 바로 이 고민에서 탄생했습니다.

성경을 읽다 보면 예수님께서 여러 곳을 다니셨다는 것을 알 수 있습니다. 그러나 성경 본문만으로는 예수님의 이동 경로를 파악하기가 쉽지 않습니다. 그래서 예수님의 이동 경로만 한눈에 볼 수 있는 지도가 있으면 좋겠다는 생각에서 이동 경로로 보는 마가복음이 만들어졌습니다.

어느 날 아내가 마가복음이 어떤 내용이냐고 묻더군요. 너무 익숙한 이야기라 어떻게 설명해야 할지 순간 머리가 멍해졌습니다. 그러다 마가복음을 한 문장이나 짧은 글로 설명할 수 있다면, 상대에 맞춰 쉽게 전달할 수 있겠다는 생각이 들었습니다. 그렇게 마가복음을 10초만에 요약하거나, 10분 동안 깊이 있게 설명할 수 있도록 다섯 단계로 읽는 마가복음을 만들게 되었습니다.

성경의 전체 흐름을 글뿐만 아니라 이미지로 한눈에 파악할 수 있다면 어떨까요? 자녀에게도 성경을 더 쉽게 설명할 수 있고, 시각적 기억으로 인해 내용이 오래 남을 것입니다. 이러한 필요에서 이미지로 보는 마가복음이 개발되었습니다.

딥러닝 바이블은 이처럼 다양한 방식으로 마가복음을 친절하고 쉽게 전달하고자 합니다. 이 책을 통해 성경을 읽는 시간이 더 이상 어렵거나 부담스럽지 않고, 삶의 방향을 새롭게 정립하는 귀한 시간이 되기를 바랍니다.

오승근

✓ 딥러닝바이블 100% 활용하기

이 책은 마가복음을 다양한 시각으로 이해하고, 신앙의 깊이를 더할 수 있도록 구성된 특별한 성경책입니다. 5개의 섹션을 통해 마가복음을 더욱 명확하고 생생하게 경험할 수 있습니다. 이 설명서를 통해 딥러닝 바이블을 최대한 활용하는 방법을 알아보세요!

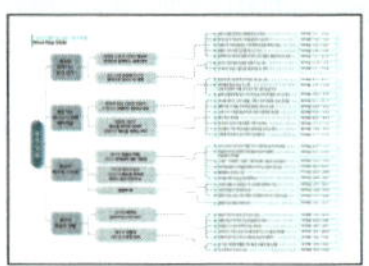

섹션 1 : 마인드맵으로 보는 마가복음

각 장의 흐름을 시각적으로 파악하고,
마가복음의 전체 구조를 한눈에 볼 수 있습니다.

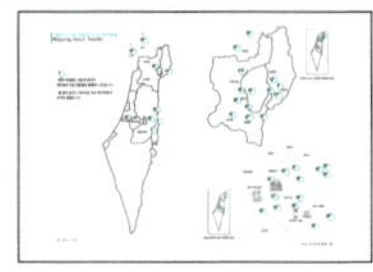

섹션 2 : 예수의 이동 경로로 보는 마가복음

예수님의 발자취를 따라가며,
사건이 일어난 장소와 경로를 한눈에 파악할 수 있습니다.

섹션 3 : 이미지로 보는 마가복음

본문 속 주요 장면들을 이미지로 시각화하여,
마가복음의 전체 흐름을 이미지로 파악할 수 있습니다.

섹션 4 : 다섯 단계로 읽는 마가복음

마가복음을 한 문장, 한 문단, 한 지문, 한 소절, 한 장의
다섯 단계로 구성하여 깊이를 더하면서 읽을 수 있습니다.

섹션 5 : 딥러닝으로 읽는 마가복음

본문 옆에 배치된 요약문을 통해 본문의 핵심을 빠르게 파악할 수 있으며, 이해하기 어려운 구절도 쉽게 접근할 수 있습니다.

섹션 1. 마인드맵으로 보는 마가복음

TIP 성경을 읽기 전 마인드맵을 통해 이야기의 큰 그림을 잡아보세요.

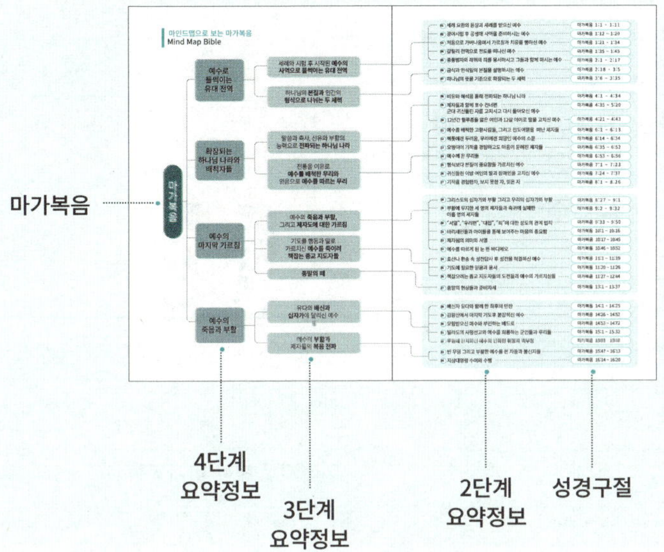

마가복음

4단계
요약정보

3단계
요약정보

2단계
요약정보

성경구절

섹션 2. 예수의 이동 경로로 보는 마가복음

TIP 장소와 이동 경로를 통해 예수님의 사역을 입체적으로 보세요.

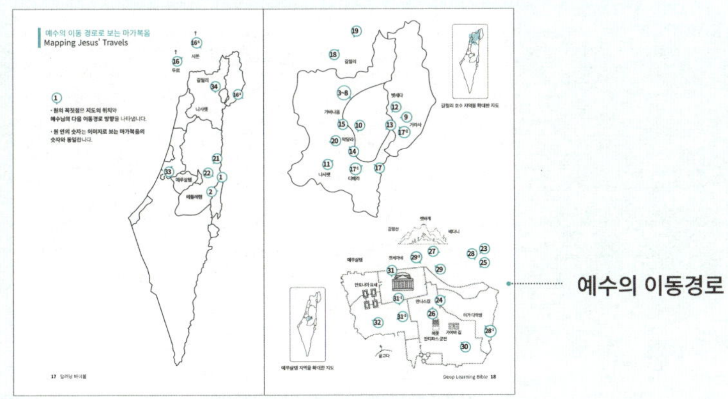

예수의 이동경로

섹션 3. 이미지로 보는 마가복음

TIP 마가복음의 전체 흐름을 이미지로 한눈에 파악해 보세요.

마인드맵 번호 ········
내용 요약 ········
해당 구절 ········

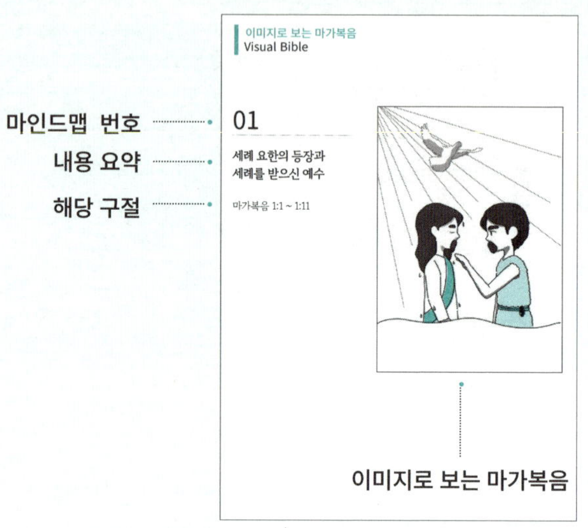

이미지로 보는 마가복음

섹션 4. 다섯 단계로 읽는 마가복음

TIP 단계별로 이해의 폭을 넓혀가며 마가복음을 읽어 보세요.

한 문장
(Sentence)

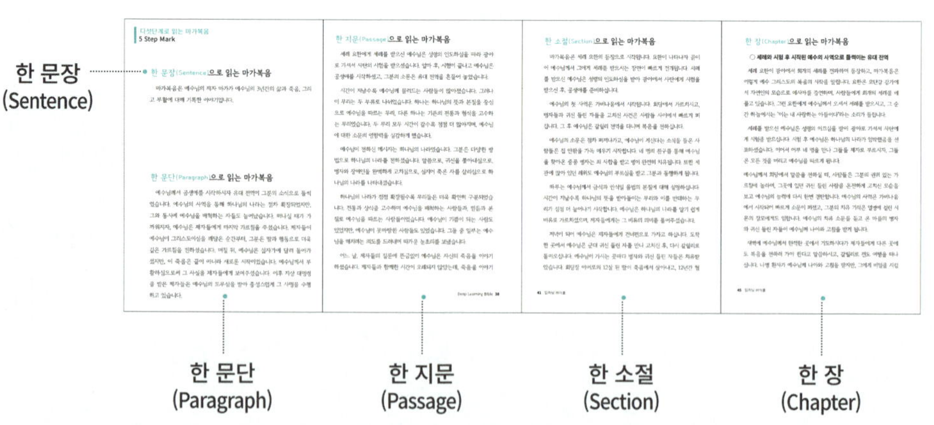

한 문단
(Paragraph)

한 지문
(Passage)

한 소절
(Section)

한 장
(Chapter)

섹션 5. 딥러닝으로 읽는 마가복음

TIP 본문이 이해가 안 될 때, 요약문을 참고해 보세요.

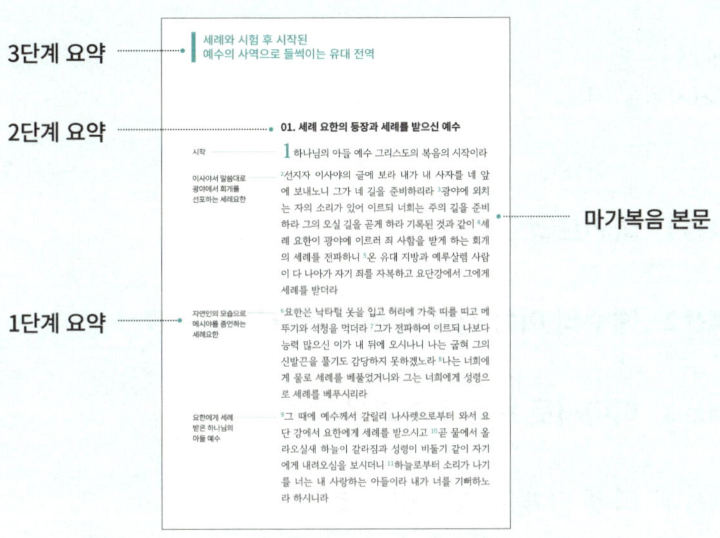

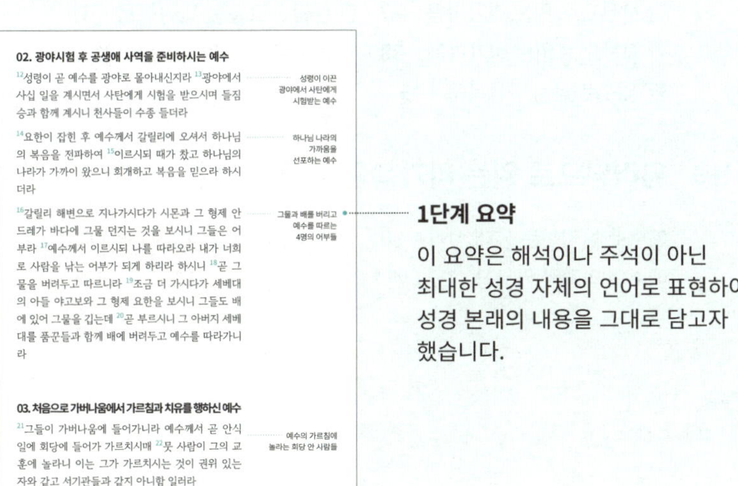

1단계 요약

이 요약은 해석이나 주석이 아닌
최대한 성경 자체의 언어로 표현하여
성경 본래의 내용을 그대로 담고자
했습니다.

목차
Contents

예수께서 이르시되

할 수 있거든이 무슨 말이냐 믿는 자에게는

능히 하지 못할 일이 없느니라 하시니

마가복음 9:23

마인드맵으로 보는 마가복음
Mind Map Bible

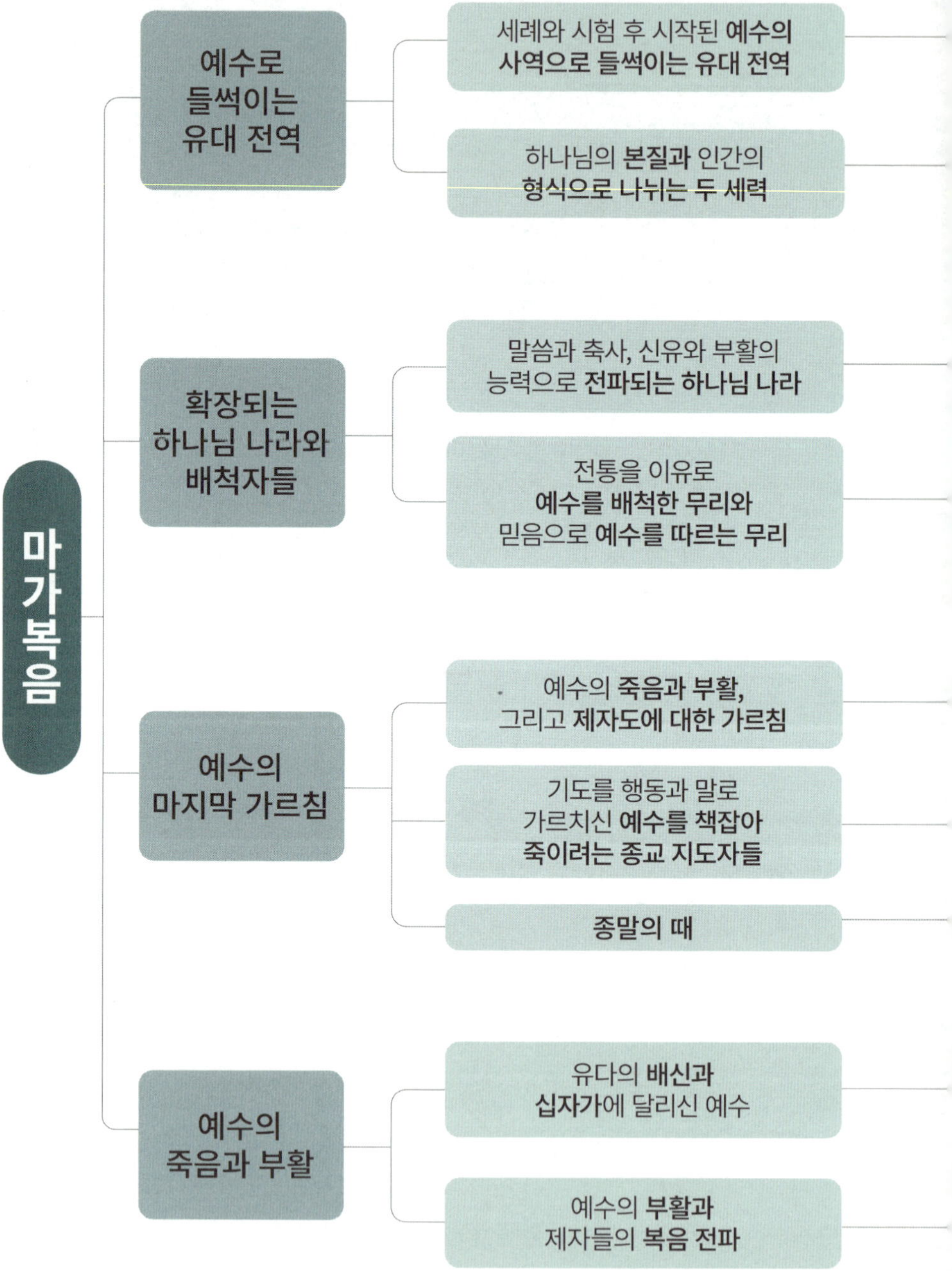
마가복음
예수로 들썩이는 유대 전역
세례와 시험 후 시작된 예수의 사역으로 들썩이는 유대 전역
하나님의 본질과 인간의 형식으로 나뉘는 두 세력
확장되는 하나님 나라와 배척자들
말씀과 축사, 신유와 부활의 능력으로 전파되는 하나님 나라
전통을 이유로 예수를 배척한 무리와 믿음으로 예수를 따르는 무리
예수의 마지막 가르침
예수의 죽음과 부활, 그리고 제자도에 대한 가르침
기도를 행동과 말로 가르치신 예수를 책잡아 죽이려는 종교 지도자들
종말의 때
예수의 죽음과 부활
유다의 배신과 십자가에 달리신 예수
예수의 부활과 제자들의 복음 전파

16⁻¹
시돈
16
두로
1
· 원의 꼭짓점은 지도의 위치와
예수님의 다음 이동 경로 방향을 나타냅니다.
· 원 안의 숫자는 이미지로 보는 마가복음의
숫자와 동일합니다.
갈릴리
34
16⁻²
나사렛
21
22
엠마오
1
33
23
예루살렘
2
베들레헴
사해

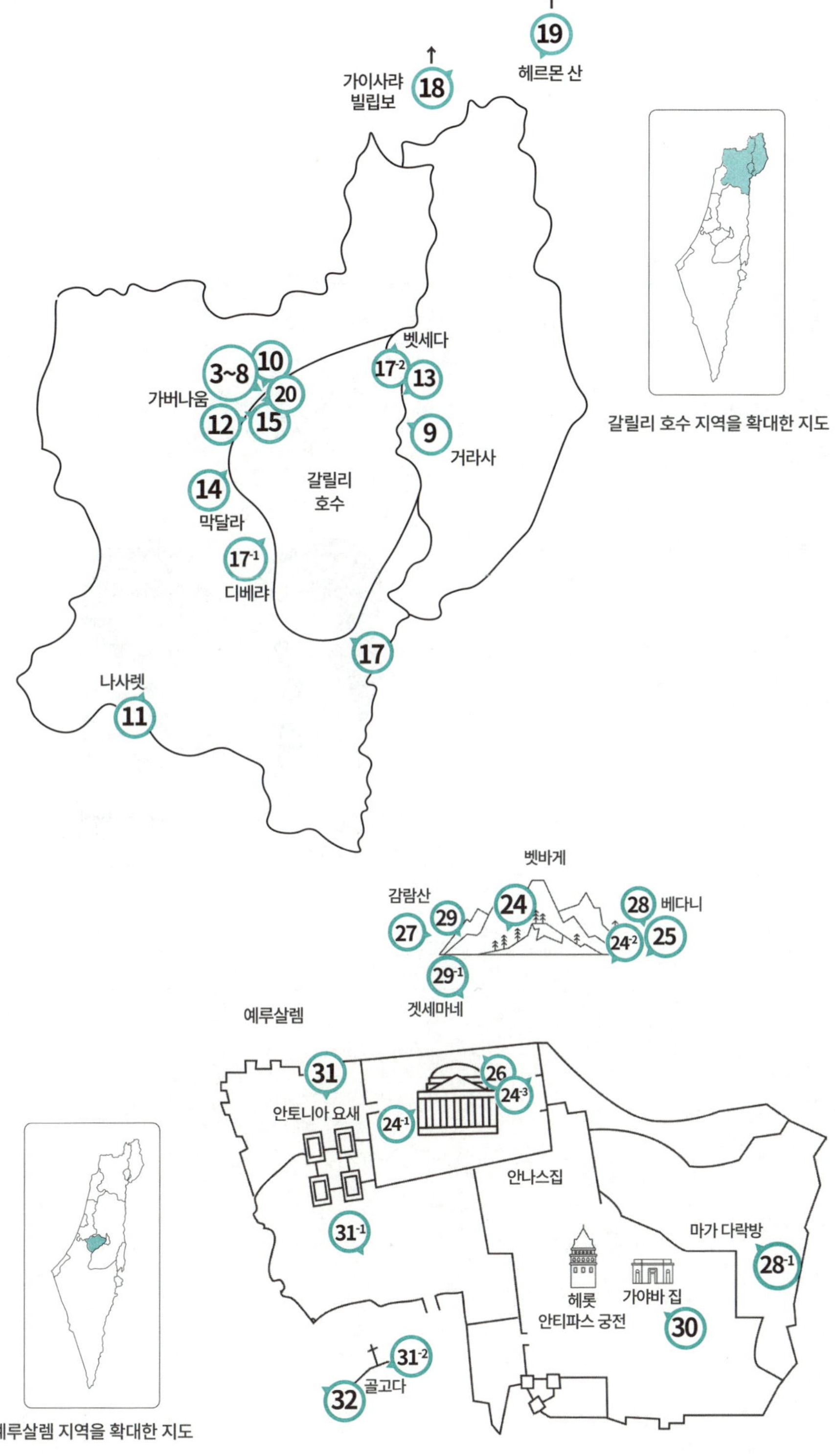

19
헤르몬 산
18
가이사랴
빌립보
갈릴리 호수 지역을 확대한 지도
벳세다
17-2
13
3~8
10
20
가버나움
12
15
9
거라사
14
막달라
갈릴리
호수
17-1
디베랴
17
나사렛
11
벳바게
감람산
24
28 베다니
27
29
24-2
25
29-1
겟세마네
예루살렘
31
26
24-3
안토니아 요새
24-1
안나스집
31-1
마가 다락방
28-1
헤롯
안티파스 궁전
가야바 집
30
31-2
32 골고다
예루살렘 지역을 확대한 지도

01

세례 요한의 등장과
세례 받으신 예수

마가복음 1:1 ~ 1:11

02

광야시험 후
공생애 사역을
준비하시는 예수

마가복음 1:12 ~ 1:20

03

처음으로 가버나움에서
가르치시고 치유를
행하신 예수

마가복음 1:21 ~ 1:34

04

갈릴리 전역으로
전도를 떠나신 예수

마가복음 1:35 ~ 1:45

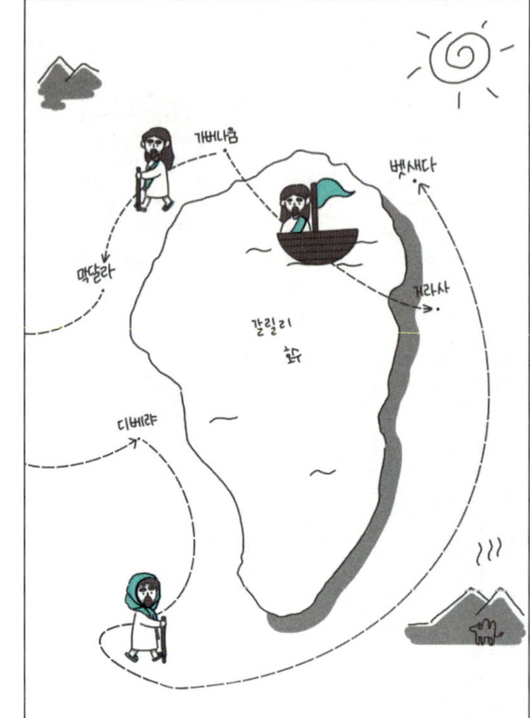

05

중풍 병자와
레위의 죄를 용서하시고
그들과 함께하신 예수

마가복음 2:1 ~ 2:17

금식과 안식일의 본질을 설명하시는 예수

마가복음 2:18 ~ 3:5

하나님의 뜻을 기준으로 확장되는 두 세력

마가복음 3:6 ~ 3:35

08

비유와 해석을 통해
전파되는 하나님 나라

마가복음 4:1 ~ 4:34

09

제자들과 함께
호수 건너편
군대 귀신 들린 자를
고치시고
다시 돌아오신 예수

마가복음 4:35 ~ 5:20

10

12년간 혈루증을
앓은 여인과
12살 야이로의 딸을
고치신 예수

마가복음 5:21 ~ 5:43

11

예수를 배척한
고향사람들,
그리고 전도여행을
떠난 제자들

마가복음 6:1 ~ 6:13

12

헤롯에겐 두려움,
무리에겐 희망인
예수의 소문

마가복음 6:14 ~ 6:34

13

오병이어 기적을
경험하고도
마음이 둔해진 제자들

마가복음 6:35 ~ 6:52

예수께 온 무리들

마가복음 6:53 ~ 6:56

본질이 형식보다
중요함을 가르치신 예수

마가복음 7:1 ~ 7:23

16

귀신 들린
이방 여인의 딸과
장애인을 고치신 예수

마가복음 7:24 ~ 7:37

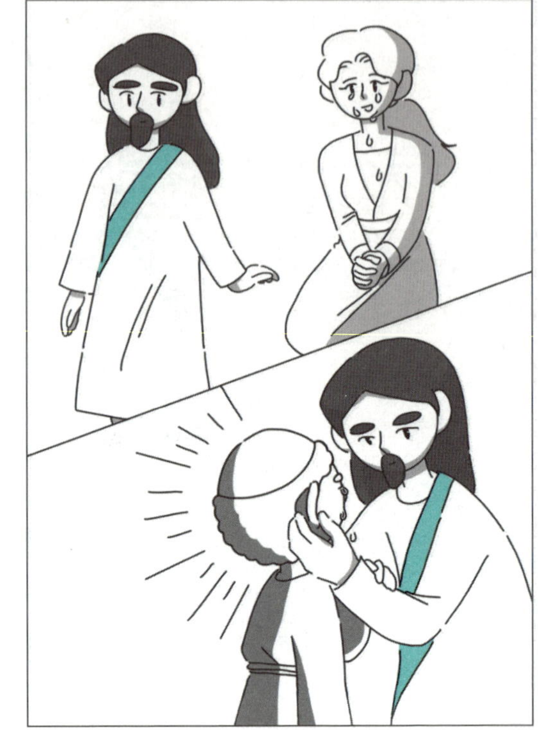

17

기적을 경험한 자,
보지 못한 자,
잊은 자

마가복음 8:1 ~ 8:26

그리스도의 십자가와 부활, 그리고 우리의 십자가와 부활

마가복음 8:27 ~ 9:1

부활에 무지한 세 명의 제자와 축사에 실패한 아홉 명의 제자

마가복음 9:2 ~ 9:32

20

"서열", "우리 편",
"대접", "죄"에 대한
성도의 관계 원칙

마가복음 9:33 ~ 9:50

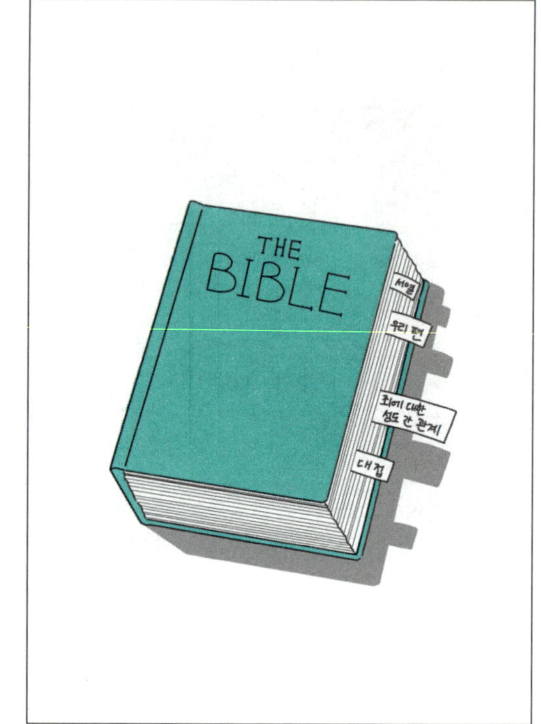

21

바리새인들과
아이들을 통해
드러나는 마음의 중요성

마가복음 10:1 ~ 10:16

22

제자가 된다는 것의
의미와 서열

마가복음 10:17 ~ 10:45

23

눈을 뜨고
예수를 따르게 된 바디메오

마가복음 10:46 ~ 10:52

24

호산나 환호 속에
성전을 둘러보신 후
성전을 척결하신 예수

마가복음 11:1 ~ 11:19

25

기도에 필요한
믿음과 용서

마가복음 11:20 ~ 11:26

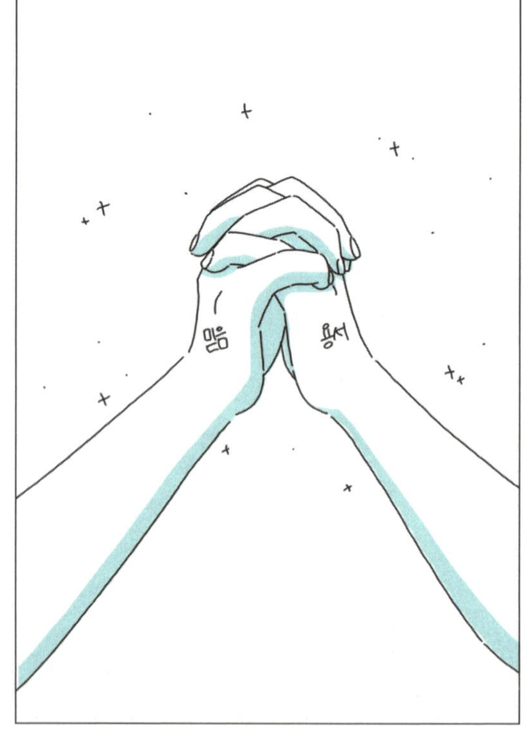

책잡으려는 종교 지도자들의 도전과 예수의 가르침

마가복음 11:27 ~ 12:44

종말의 징후와 준비 자세

마가복음 13:1 ~ 13:37

28

배신자 유다와 함께한
최후의 만찬

마가복음 14:1 ~ 14:25

29

감람산에서 마지막
기도를 드린 후
붙잡히신 예수

마가복음 14:26 ~ 14:52

모함받으신 예수와
예수를 부인하는 베드로

마가복음 14:53 ~ 14:72

빌라도의 사형 선고와
예수를 희롱하는
군인과 무리

마가복음 15:1 ~ 15:32

32

무덤에 안치되신
예수와 찢어진 휘장,
그리고 변화된 백부장

마가복음 15:33 ~ 15:46

33

빈 무덤, 그리고
부활한 예수를
본 자들과 불신자들

마가복음 15:47 ~ 16:13

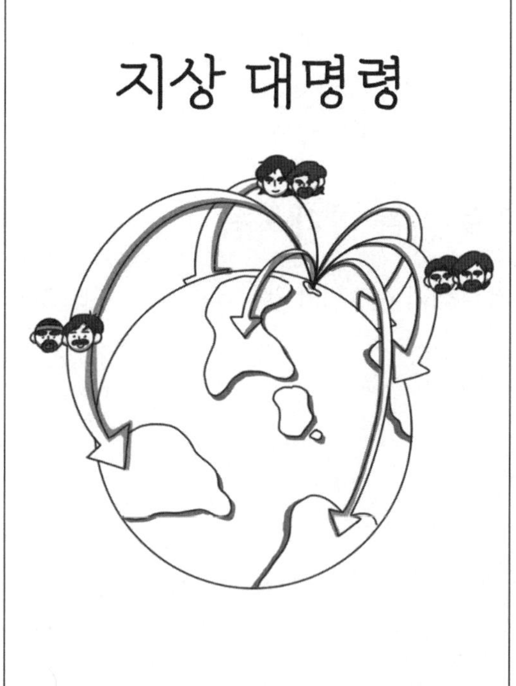

지상 대명령의 위임과 실천

마가복음 16:14 ~ 16:20

한 문장(Sentence)으로 읽는 마가복음

마가복음은 예수님의 제자 마가가 예수님의 3년간의 삶과 죽음, 그리고 부활에 대해 기록한 이야기입니다.

한 문단(Paragraph)으로 읽는 마가복음

예수님께서 공생애를 시작하시자 유대 전역이 그분의 소식으로 들썩였습니다. 예수님의 사역을 통해 하나님의 나라는 점차 확장되었지만, 그와 동시에 예수님을 배척하는 자들도 늘어났습니다. 떠나실 때가 가까워지자, 예수님은 제자들에게 마지막 가르침을 주셨습니다. 제자들이 예수님이 그리스도이심을 깨달은 순간부터, 그분은 말과 행동으로 더욱 깊은 가르침을 전하셨습니다. 며칠 뒤, 예수님은 십자가에 달려 돌아가셨지만, 이 죽음은 끝이 아니라 새로운 시작이었습니다. 예수님께서 부활하심으로써 그 사실을 제자들에게 보여주셨습니다. 이후 지상 대명령을 받은 제자들은 예수님의 도우심을 받아 충성스럽게 그 사명을 수행하고 있습니다.

한 지문(Passage)으로 읽는 마가복음

세례 요한에게 세례를 받은 예수님은 성령의 인도에 따라 광야로 가서 사탄의 시험을 받으셨다. 얼마 후, 이 시험이 끝나자 예수님은 공생애를 시작하셨고, 그분의 소문은 유대 전역을 들썩이게 했다.

시간이 갈수록 예수님을 따르는 무리가 많아졌는데, 이 무리는 크게 두 부류로 나뉘었다. 하나는 하나님의 뜻과 본질을 중심으로 예수님을 따르는 사람들, 다른 하나는 전통과 형식을 고수하는 사람들이었다. 두 무리가 갈수록 늘어나면서 예수님에 대한 소문이 점차 더 큰 영향력을 가지게 했다.

예수님이 전하신 메시지는 바로 하나님의 나라였다. 그분은 말씀으로, 귀신을 쫓아내시며, 병자와 장애인을 고치시고, 심지어 죽은 자를 살리시며 하나님의 나라를 나타내셨다. 하나님의 나라가 점점 확장되자 무리들도 점차 구분되었다. 예수님을 믿고 따르는 사람들과 전통과 상식에 얽매여 예수님을 배척하는 사람들이었다. 예수님이 기쁨이 되는 사람들도 있었지만, 예수님을 못마땅하게 여겨 해칠 의도를 드러내는 이들도 있었다.

어느 날 제자들의 질문에 갑자기 예수님은 자신의 죽음에 대해 이야기하셨다. 제자들과 함께한 시간이 얼마 되지 않았는데 죽음을 이야기하시니 제자들은 이해할 수 없었다. 더군다나 '부활'이라는 말씀은 그들에게 더 어려운 개념이었다. 예수님은 자신이 죽고 3일 만에 다시 살아날 것이라고 하셨지만, 제자들은 여전히 이해하지 못했다. 오히려 그들에겐 서열이 더 큰 관심사였다. 그래서 예수님은 누가 큰 자인지 분명하게 말씀하시며 제자도에 대해 가르치셨다.

예수님께서는 제자들에게 마지막으로 무엇을 가르칠지 기도로 결정하셨을 것이다. 기도에 대해 가르치시는 동안, 종교 지도자들은 예수님을 죽이기로 결심하고 곤란한 질문들로 예수님을 압박했다. 질문이 어려울수록 예수님의 대답은 더 명쾌했고, 그 모습을 지켜보던 무리는 예수님의 지혜에 감탄하며 기뻐했다.

성전을 떠나는 길에 제자 중 한 명의 질문으로 예수님은 마지막 때에 대해 말씀하셨다. 그 이야기는 듣는 이들에게 강렬한 경각심을 주었다. 하지만 예수님의 마지막 말씀은 꼭 기억해야 할 중요한 메시지였다. "성령이 도울 것이다," "아버지께서 그날들을 단축하실 것이다," 그리고 "끝까지 인내하면 구원을 받을 것이다." 마지막 때는 오직 아버지만이 아시고, 도둑처럼 예기치 않게 오니 항상 깨어 있으라는 말씀이었다.

열두 제자 중 가룟 유다는 대제사장들에게 예수님을 넘기기로 마음먹고 그들을 찾아갔다. 종교 지도자들은 유다와 함께 사람들을 보내 예수님을 붙잡았고, 제자들은 모두 도망쳤다. 예수님은 빌라도에게 사형 선고를 받고 십자가에 달려 돌아가셨다.

예수님이 말씀하신 사흘째 되는 날, 그분은 다시 살아나셨다. 예수님의 장례를 위해 무덤을 찾은 여인들은 빈 무덤을 발견했고, 두 제자는 부활하신 예수님을 만났다. 남은 제자들에게 나타나신 예수님은 그들에

게 마지막으로 지상 대명령을 주신 후 하늘로 올라가셨다. 마가는, 남겨
진 제자들이 그분의 명령을 충실히 수행하며 살아가는 모습으로 기록을
마무리했다.

한 소절(Section)으로 읽는 마가복음

마가복음은 세례 요한의 등장으로 시작돼. 요한이 나타나자마자 예수님께서 그에게 세례를 받으시는 장면이 빠르게 전개되지. 세례를 받으신 예수님은 성령의 인도하심을 따라 광야로 가서 사탄에게 시험을 받으신 후 공생애를 준비하셨어.

예수님의 첫 사역은 가버나움에서 시작돼. 회당에서 가르치시고 병자들과 귀신 들린 자들을 고치신 사건은 사람들 사이에 빠르게 퍼졌고, 이후 예수님은 갈릴리 전역을 다니며 복음을 전하셨어.

예수님에 대한 소문이 퍼지자, 예수님이 계신 곳에는 사람들이 집 안팎을 가득 메우기 시작했어. 네 명의 친구를 통해 예수님을 찾아온 중풍병자는 죄 사함을 받고 병이 완전히 치유됐고, 세관에 앉아 있던 레위도 예수님의 부르심을 받아 그분과 동행하게 됐지.

어느 날 예수님은 금식과 안식일 율법의 본질에 대해 설명하셨어. 시간이 지나면서 하나님의 뜻을 받아들이는 무리와 이를 반대하는 무리가 점점 더 늘어났어. 예수님은 하나님의 나라를 쉽게 이해할 수 있도록 비유로 가르치셨고, 제자들에게는 그 비유의 의미를 풀어주셨어.

저녁이 되자 예수님은 제자들에게 건너편으로 가자고 하셨어. 도착한 곳에서 예수님은 군대 귀신 들린 자를 만나 고치시고, 다시 갈릴리로 돌아오셨지. 예수님이 가시는 곳마다 병자와 귀신 들린 자들이 치유됐어. 회당장 야이로의 12살 된 딸은 죽음에서 살아났고, 12년간 혈루증을 앓던 여인은 예수님의 옷자락을 만져 완치되는 기적을 경험했지.

그러나 이런 기적에도 불구하고 고향 사람들은 예수님을 배척했어. 예수님은 제자들을 둘씩 짝지어 전도 여행을 보내셨고, 이 시점에서 이야기의 무대는 헤롯의 궁전으로 전환돼. 헤롯은 예수님의 소문을 듣고 두려움에 휩싸였는데, 자신이 죽인 세례 요한이 다시 살아났다고 생각했기 때문이야. 반면 예수님의 소문은 많은 사람들에게 기쁨이 됐어.

먹을 것이 없던 제자들과 무리를 위해 예수님은 오병이어 기적으로 남자 5천 명을 먹이셨지. 그러나 제자들은 이 기적을 보고도, 바람과 파도를 잠잠케 하신 사건에서 오병이어의 기적을 잊어버렸어.

예수님을 만나기 위해 사방에서 사람들이 몰려들었어. 바리새인들과 서기관들의 비난에도 불구하고 예수님은 형식보다 본질의 중요성을 가르치셨지. 예수님은 이방 여인의 딸을 고치고, 장애인을 치유하셨으며, 그분과 함께하는 자리에는 언제나 기적이 일어났어. 하지만 기적을 보고도 깨닫지 못한 사람들, 보고도 잊어버린 사람들도 있었어.

때가 되자 예수님은 제자들에게 자신의 죽음과 부활에 대해 가르치셨고, 자신을 따르는 자들 또한 십자가와 부활을 경험해야 한다고 말씀하셨어. 베드로, 요한, 야고보는 예수님과 함께 산에 올라 모세와 엘리야를 만나는 영광을 누렸지만, 여전히 부활의 의미는 깨닫지 못했지. 산 아래에서는 귀신을 쫓아내지 못한 제자들이 난처해하고 있었어.

제자들 사이에 서열 논쟁이 일어나자 예수님은 누가 높은 자인지, 어떤 사람이 우리 편인지, 또 타인을 대하는 방법에 대해 가르쳐 주셨어. 바리새인들과 아이들을 통해 마음의 중심이 중요하다는 것도 말씀하셨지. 여리고에서는 맹인 바디메오가 예수님을 만나 눈을 뜨고 그분을 따르게 됐어.

예수님이 어린 나귀를 타고 성전에 입성하시자, 무리들은 "호산나"라고 외치며 예수님을 환영했어. 예수님은 기도에 대해 가르치시며, 그 모습을 지켜보던 종교 지도자들은 예수님을 죽이기로 결심했지. 그들은 예수님을 곤경에 빠뜨리기 위해 어려운 질문들을 던졌지만, 예수님은 명쾌한 답변으로 그들의 도전을 무마하셨어.

성전의 화려함에 감탄하는 제자들에게 예수님은 마지막 때에 대한 예언과 준비에 대해 말씀하셨고, 결국 가룟 유다는 예수님을 배신하기로 마음먹었어. 예수님은 제자들과 마지막 만찬을 하신 후, 감람산에서 마지막 기도를 올리셨지. 이후 종교 지도자들이 보낸 무리에게 붙잡히시고, 대제사장 앞에서 모함을 당하셨어. 베드로는 멀리서 그 광경을 지켜보다가 예수님을 세 번 부인하게 되었어.

빌라도 앞에 선 예수님은 십자가형을 선고받고, 조롱과 희롱을 받으며 십자가에서 돌아가셨지. 그 순간 성소의 휘장이 찢어지고, 백부장은 예수님이 하나님의 아들이심을 고백했어.

사흘째 되는 날, 예수님은 부활하셨어. 무덤을 찾은 여인들과 두 제자는 부활하신 예수님을 목격했지만, 제자들은 눈으로 보기 전까지는 믿지 못했어. 그러나 부활하신 예수님은 그들에게 나타나셔서 마지막으로 지상 대명령을 주셨고, 마침내 제자들은 그 명령을 충실히 수행하며 마가복음의 이야기는 끝을 맺어.

한 장(Chapter)으로 읽는 마가복음

○ 세례와 시험 후 시작된 예수의 사역으로 들썩이는 유대 전역

세례 요한이 광야에서 회개의 세례를 전파하며 등장했고, 마가복음은 이로써 예수 그리스도의 복음의 시작을 알렸다. 요한은 요단강 강가에서 자연인의 모습으로 메시아를 증언하며 사람들에게 회개의 세례를 베풀었다. 그런 요한에게 예수님께서 오셔서 세례를 받으셨고, 그 순간 하늘에서는 "이는 내 사랑하는 아들이다"라는 소리가 들려왔다.

세례를 받으신 예수님은 성령의 이끄심을 받아 광야로 가셔서 사탄에게 시험을 받으셨다. 시험 후에는 하나님의 나라가 임박했음을 선포하셨다. 그 후 어부 네 명을 만나 제자로 부르시자, 그들은 모든 것을 버리고 예수님을 따르게 되었다.

예수님께서 회당에서 말씀을 전하실 때, 사람들은 그분의 권위 있는 가르침에 놀랐다. 특히 그곳에 있던 귀신 들린 사람을 온전하게 고치신 모습을 보고 예수님의 능력에 다시 한번 경탄했다. 예수님의 사역은 가버나움에서 시작되어 빠르게 소문이 퍼졌고, 그분의 치유 기적은 열병에 걸린 시몬의 장모에게도 임했다. 예수님의 치유 소문을 듣고 온 마을의 병자와 귀신 들린 자들이 예수님께 나아와 고침을 받았다.

새벽에 예수님께서 한적한 곳에서 기도하시다가, 제자들에게 다른 곳에도 복음을 전하러 가야 한다고 말씀하시며 갈릴리로 전도 여행을 떠나셨다. 그 후 나병 환자가 예수님께 나아와 고침을 받았고, 예수님은 그에게 비밀을 지킬 것을 당부하셨다. 그러나 치유된 나병 환자는 가는 곳마다 예수님의 소문을 퍼뜨렸고, 이로 인해 예수님은 동네 밖 한적한 곳에서만 머물 수밖에 없게 되셨다.

어느 날 예수님께서 한 집에 들어가시자 많은 무리로 인해 집 안으로 더는 들어갈 수 없게 되었다. 그러나 네 명의 친구들은 중풍병에 걸린 친구를 예수님께 데려오기 위해 지붕을 뜯고 친구를 예수님께로 내렸다. 예수님께서는 그에게 죄 사함을 선포하시고, 서기관들이 "하나님 외에 누가 죄를 용서할 수 있는가?"라며 의문을 품자, 예수님은 죄 사함의 권세를 증명하시며 중풍병자를 온전히 고치셨다. 이 광경을 본 무리들은 놀라움에 빠졌다.

이후 예수님은 세관에 앉아 있던 레위에게 "나를 따르라" 하시며 부르셨고, 레위는 예수님의 제자가 되었다. 레위의 집에서 세리들과 죄인들과 함께 식사하신 예수님은 이를 못마땅하게 여긴 서기관들에게 "나는 의인을 부르러 온 것이 아니라 죄인을 부르러 왔다"고 말씀하시며, 그분의 사역 목적을 분명히 하셨다.

○ 하나님의 본질과 인간의 형식으로 나뉘는 두 세력

바리새인들이 예수님의 제자들이 금식하지 않는 것에 대해 의문을 제기하자, 예수님은 비유로 그들에게 답하셨다. 안식일 율법에 대한 논쟁이 벌어졌을 때는 다윗이 율법을 어긴 사건을 언급하며 안식일의 본질을 설명하셨다. 그 후 예수님은 안식일에 손이 마른 사람을 치유하시며 안식일의 참된 의미가 무엇인지를 몸소 보여주셨다. 그러나 바리새인들은 예수님이 율법을 어겼다고 판단하고, 예수를 죽이기 위해 헤롯당과 연합하게 되었다. 이렇게 반대 세력은 커져갔지만, 동시에 예수님을 찾아오는 무리 역시 유대 전역으로 확장되었다.

예수님은 전도와 축사의 권능을 행하시며, 자신과 함께 사역할 12명의 제자를 세우셨다. 그러나 예수님에 대한 잘못된 소문이 가족들에게 전해졌는지, 예수님이 미쳤다는 이야기를 들은 가족과 친척들이 예수님을 찾으러 왔다. 이를 계기로 서기관들은 예수님이 귀신을 쫓아내는 능력이 하나님의 능력이 아닌, 귀신의 왕의 힘을 빌린 것이라고 주장했다. 이에 예수님은 귀신이 귀신을 내쫓는 것은 비논리적이라며, 성령을 모독하는 이러한 죄는 용서받을 수 없음을 강조하셨다. 그리고 모인 무리들에게 하나님의 뜻대로 행하는 자가 진정한 가족임을 선언하셨다.

○ 말씀과 축사, 신유와 부활의 능력으로 전파되는 하나님 나라

예수님께서는 배에 오르셔서 네 종류의 땅에 뿌려진 씨앗에 대한 비유를 말씀하셨다. 이후, 비유의 의미를 묻는 제자들에게 씨 뿌리는 비유가 가장 기본적인 비유임을 설명하시며 그 뜻을 풀어주셨다. 또한, 감추어 둔 등불은 결국 드러나게 마련이라며, 타인에게 나누어 줄 때 더 많이 받게 된다는 역설적인 원리도 말씀하셨다. 예수님은 하나님 나라를 씨앗의 성장 과정에 비유하시며, 작은 겨자씨가 나무로 자라듯이 하나님의 나라도 그렇게 확장된다고 설명하셨다. 이렇듯 예수님은 무리들에게는 쉽게 이해할 수 있는 비유로 하나님의 말씀을 전하시고, 제자들에게는 그 비유의 깊은 뜻을 해석해 주셨다.

말씀을 마치신 후, 예수님은 제자들에게 건너편으로 가자고 하셨고, 그 과정에서 큰 풍랑을 만났다. 예수님께서 그 풍랑을 잠잠케 하시자, 제자들은 놀라며 두려워했다. 그들이 도착한 곳에는 스스로를 해치며 괴물처럼 살아가던 귀신 들린 사람이 있었다. 이 사람 안에 있는 귀신은 '군대 귀신'이라 불렸으며, 예수님께 자신을 쫓아내지 말고 돼지 떼에 들어가게 해달라고 요청했다. 예수님이 이를 허락하시자, 귀신들은 돼지 떼에 들어가 돼지들이 물에 빠져 죽게 되었다. 그 모습을 본 마을 사람들은 한마음으로 예수님을 배척했고, 결국 예수님과 제자들은 다시 배를 타고 돌아가게 되었다. 귀신 들렸던 남자는 회복된 후, 데가볼리 지역을 다니며 예수님을 증거하는 전도자가 되었다.

이후 회당장 야이로가 예수님께 찾아와 자신의 딸이 죽어가고 있다며 간절히 도움을 요청했다. 예수님이 야이로의 집으로 가시는 도중, 12년 동안 혈루증을 앓았던 여인이 예수님의 옷에 손을 대어 병이 나았다. 예수님께서 누가 자신에게 손을 대었는지 물으시자, 그 여인은 두려워하며 엎드려 자신의 행동을 고백했다. 예수님은 그녀의 이야기를 들으시고, 그녀가 완전히 나았음을 선포하셨다.

그때, 멀리서 야이로의 사람들이 와서 그의 딸이 이미 죽었다는 소식을 전했다. 슬픔에 빠진 야이로에게 예수님은 "두려워하지 말고 믿기만 하라"고 말씀하셨다. 야이로는 예수님의 말씀을 믿고 그분을 집으로 모셨다. 야이로의 집에 도착한 예수님은 딸이 죽은 것이 아니라 잠들었을 뿐이라고 말씀하시며 곡하는 무리들을 내보내셨다. 그리고 딸을 살리신 후, 이 사실을 알리지 말라고 경고하셨다.

○ 전통을 이유로 예수를 배척한 무리와 믿음으로 예수를 따르는 무리

예수님은 자신의 출신을 알고 있는 고향 사람들에게 배척을 당하셨다. 그 결과, 예수님은 소수의 사람들만 치유하시고 고향을 떠날 수밖에 없었다. 이후 예수님은 제자들을 둘씩 짝지어 여행에 필요한 추가 물품 없이 전도 여행을 떠나게 하셨다. 제자들이 가는 곳마다 복음이 전해졌고, 많은 사람들이 치유와 회복을 경험했다.

한편, 헤롯궁의 분위기는 무거웠다. 헤롯은 예수님을 자신이 죽인 세례 요한으로 착각했기 때문이다. 헤롯은 헤로디아의 계략에 속아 세례 요한을 죽였고, 예수님의 소문을 듣자 그 사건이 떠오른 것이었다. 전도 여행을 마치고 돌아온 제자들이 예수님께 자신들의 사역을 이야기하려 할 때, 예수님은 무리들을 불쌍히 여기셔서 저녁이 될 때까지 그들에게 가르치셨다. 제자들이 무리들을 돌려보내 식사를 해결하자고 제안했을 때, 예수님은 "너희가 그들에게 먹을 것을 주라" 하시며 제자들에게 가진 음식을 확인하게 하셨다. 예수님은 무리를 오십 명씩 앉게 하신 후, 제자들이 가져온 음식으로 축사하시고 모두가 먹고도 열두 바구니가 남는 기적을 베푸셨다.

예수님이 무리를 보내시는 동안, 제자들은 먼저 배를 타고 이동했지만

거센 바람에 고생하고 있었다. 예수님은 그들을 보시고 물 위를 걸어 다가가셔서 바람을 잠잠하게 하셨다. 그러나 제자들은 오병이어의 기적을 잊고 예수님의 행동에 놀라 두려워했다.

예수님이 게네사렛 지역에 도착하자 사람들은 사방에서 달려와 병자들을 예수님께 데려왔고, 그들은 모두 치유를 받았다. 그러나 종교 지도자들은 여전히 시비를 걸었다. 그들은 제자들이 씻지 않은 손으로 음식을 먹어 장로들의 전통을 어겼다고 비난했다. 이에 예수님은 사람의 전통과 하나님의 계명 중 무엇이 더 중요한지 가르치시며, 고르반 전통을 예로 들어 설명하셨다. 또한, 사람을 더럽히는 것은 씻지 않은 손이 아니라 사람 마음속에서 나오는 악한 생각이라고 말씀하셨다.

한 이방 여인이 예수님께 귀신 들린 딸을 고쳐달라고 간청하자, 예수님은 처음에 자존심 상하는 말씀으로 거절하셨다. 그러나 여인은 은혜의 부스러기라도 족하다며 간절히 간구했고, 예수님은 그녀의 믿음을 보시고 딸이 고침 받았다고 선포하셨다. 또한 사람들이 귀 먹고 말 더듬는 사람을 예수님께 데려오자, 예수님은 그를 외딴곳으로 데려가 치유하셨다.

사흘 동안 식사도 하지 않고 예수님과 함께했던 사람들이 있었을 때, 예수님은 제자들에게 그들을 먹이라고 하셨다. 제자들이 가진 떡과 물고기로 사천 명을 먹이고도 일곱 광주리가 남는 기적을 행하셨다. 그러나 바리새인들은 여전히 예수님께 기적을 보여 달라고 요구했고, 예수님은 요나의 기적 외에는 보여줄 것이 없다고 하셨다.

예수님은 제자들에게 바리새인들과 헤롯의 누룩을 주의하라고 경고하셨지만, 제자들은 예수님께서 행하신 음식의 기적을 잊고 자신들이 떡을 준비하지 않았다는 사실에만 집중했다. 그 후 예수님이 한 마을에 도착하셨을 때, 사람들은 맹인을 데리고 와서 고쳐달라고 요청했다. 예수님은 그를 마을 밖으로 데리고 가셔서 두 번 안수하신 후 고치시고, 마을로 돌아가지 말라고 경고하셨다.

○ 예수의 죽음과 부활, 그리고 제자도에 대한 가르침

예수님께서 제자들에게 자신을 누구라고 생각하는지 물으셨을 때, 베드로는 예수님을 그리스도라고 대답했다. 그러자 예수님은 그에게 이 사실을 아무에게도 말하지 말라고 당부하셨다. 이어서 예수님은 자신의 죽음과 부활에 대해 말씀하셨는데, 베드로가 이에 반대하자 예수님은 사탄을 대하듯 베드로를 강하게 꾸짖으셨다.

예수님은 제자를 따르는 자가 어떠한 삶을 살아야 하는지를 역설적으로 설명하시며, 재림과 하나님의 나라가 가까이 왔음을 알려주셨다. 이후 예수님은 베드로, 야고보, 요한을 데리고 산에 올라가셨다. 그곳에서 예수님의 옷이 희게 변하고, 모세와 엘리야가 나타나 대화를 나누었다. 베드로는 그곳에 초막을 짓고 살자고 제안했지만, 스스로도 무슨 말을 하는지 알지 못했다. 곧 구름 속에서 하나님의 음성이 들렸고, 모세와 엘리야는 사라졌다. 내려가는 길에 예수님은 제자들에게 자신이 부활할 때까지 이 사건을 누구에게도 말하지 말라고 명령하셨다. 그러나 제자들은 부활이 무엇인지 몰라 서로 묻기만 했다.

 제자들은 부활에 대한 질문 대신 사람들이 말하는 엘리야에 대해 물었다. 예수님은 엘리야가 이미 왔으나 사람들이 그를 받아들이지 않았다고 답하셨다. 예수님이 산에서 내려오셨을 때, 남아 있던 제자들은 귀신을 쫓아내지 못해 서기관들과 논쟁을 벌이고 있었다. 예수님은 믿음이 없는 세대를 한탄하셨고, 귀신 들린 아이를 고치셨다. 축사를 실패한 원인에 대해 묻는 제자들에게는 기도 외에는 다른 답이 없다고 말씀하셨다.

 예수님은 다시 제자들에게 자신의 죽음과 부활에 대해 말씀하시고, 조용히 다른 곳으로 가자고 하셨다. 그러나 제자들은 죽음과 부활을 이해하지 못한 채 서로 묻기를 두려워하며 눈치만 보았다. 가는 도중 제자들은 누가 더 큰 자인지를 놓고 토론을 벌였고, 이에 예수님은 어린아이를 섬기는 자가 가장 큰 자라고 가르치셨다. 또한, 예수님은 반대자가 아닌 자는 모두 우리 편이라며 포용적인 정의를 내리셨다.

 예수님의 가르침은 계속되었다. 성도를 대하는 태도에 따라 상과 벌이 주어질 것이며, 죄를 범해 영생을 잃게 된다면 차라리 손발을 버리고 영생에 들어가는 것이 낫다고 말씀하셨다. 그리고 소금이 맛을 잃지 않게 유지하며 서로 화목하게 지내라고 가르치셨다.

바리새인들은 예수님을 공격하며 이번에는 모세가 허락한 이혼에 대해 질문했다. 예수님은 모세의 말보다 더 강력한 하나님의 말씀을 인용하며,

처음부터 이혼이 허락된 것이 아님을 설명하셨다. 이혼하고자 하는 사람의 마음속에 간음이 있음을 지적하셨다. 제자들이 아이들이 예수님께 오는 것을 막으려 하자, 예수님은 하나님 나라가 아이들과 같은 자들의 것임을 강조하시며 그들을 막지 말라고 하셨다.

한 부자 청년이 율법을 다 지켰음에도 불구하고 영생을 위해 무엇을 더 해야 하는지를 물었을 때, 예수님은 그의 재산을 처분하고 자신을 따르라고 하셨다. 그러나 그 청년은 근심하며 떠났다. 예수님은 부자가 하나님의 나라에 들어가는 것은 낙타가 바늘귀로 들어가는 것보다 어렵다고 말씀하셨다. 그러나 하나님은 그 어려운 일을 능히 하실 수 있다고 하셨다. 제자들이 모든 것을 버린 자신들에게 어떠한 상이 있을지를 물었을 때, 예수님은 박해를 겸한 축복과 영생을 받을 것이지만, 처음 된 자가 나중 되고 나중 된 자가 처음 되는 경우가 많다고 덧붙이셨다.

예수님께서 예루살렘으로 가자고 하셨을 때, 제자들은 종교 지도자들의 반응을 두려워했다. 이에 예수님은 다시 죽음과 부활에 대해 가르치셨다. 그때 야고보와 요한은 예수님의 좌우편 자리를 달라고 요청했으나, 예수님은 그 자리는 하나님께서 예비된 자들에게 주실 자리라고 말씀하셨다. 야고보와 요한의 요청으로 인해 제자들 사이에 서열 문제가 발생하자, 예수님은 다시 한번 섬기는 자가 큰 자임을 가르치셨다.

예루살렘으로 가는 길에 여리고에서 맹인 바디매오가 예수님을 찾아왔다. 사람들의 꾸짖음에도 불구하고 바디매오는 예수님을 간절히 부르짖었고, 예수님께 고침을 받은 뒤 예수님을 따르게 되었다.

○ 기도를 행동과 말로 가르치신 예수를 책잡아 죽이려는 종교 지도자들

예수님께서 제자들에게 가르쳐 주신 대로 두 제자가 새끼 나귀를 가져오자, 예수님은 그 나귀를 타고 예루살렘으로 향하셨다. 예수님이 입성하실 때, 무리들은 "호산나, 호산나"를 외치며 예수님을 환영하고 그분이 가시는 길을 환송했다. 예수님은 성전에 들어가 성전을 둘러보신 후, 그 날은 다시 머무시던 곳으로 돌아가셨다.

다음 날, 예수님께서 다시 성전으로 가시는 길에 길가에서 열매 없는 무화과나무를 보시고 저주하셨다. 성전에 도착한 예수님은 성전에서 장사하는 상인들을 내쫓으시며, 성전은 "기도하는 집"이라고 선언하셨다. 이 일을 본 종교 지도자들은 예수님을 죽이기로 결심했다. 성전을 나가시던 중 예수님과 제자들은 저주받은 무화과나무가 말라 있는 것을 보았고, 예수님은 이를 통해 기도할 때 믿음으로 구하면 이루지 못할 것이 없음을 가르치셨다. 또한, 기도에는 믿음뿐 아니라 용서가 필요함을 강조하셨다.

이제 종교 지도자들은 예수님을 공개적으로 책잡으려 도전적인 질문들을 던지기 시작했다. 그들은 예수님께 당신이 행하는 일의 권위가 어디에서 오는지를 물었다. 이에 예수님은 세례 요한의 권위가 어디에서 온 것인지 되묻는 방식으로 그들의 공격을 피하셨다. 예수님께서 악한 포도원 농부들의 이야기를 하자, 바리새인들은 그 이야기가 자신들을 빗댄 것임을 알아채고 분노했다.

종교 지도자들은 계속해서 예수님을 함정에 빠뜨리려 질문을 던졌다. 이번에는 가이사에게 세금을 바치는 문제에 대해 물었다. 예수님은 "가이사의 것은 가이사에게, 하나님의 것은 하나님께"라는 말씀으로 답하셨다. 그들은 또한 부활 후에 결혼에 관한 질문을 했으나, 예수님은 부활 때의 모습과 하나님이 산 자의 하나님이심을 통해 답하셨다. 그들 중에는 하나님 사랑과 이웃 사랑이 계명의 핵심임을 깨닫고 예수님께 칭찬받은 서기관도 있었다.

이어서 예수님은 그들에게 질문을 던지셨다. 다윗이 자기 자손으로 태어날 메시아를 "주"라고 부른 문제를 어떻게 해석할 것인지를 물으셨다. 이러한 논쟁은 모인 무리들에게 기쁨이 되었고, 예수님은 외식하는 서기관들이 더 큰 심판을 받을 것이라고 경고하셨다.

마지막으로, 예수님은 헌금을 드리는 부자와 과부를 보시며, 헌금의 가치는 그 양이 아니라 그 사람이 가진 것에서 얼마나 드렸는가에 달려 있음을 가르치셨다.

○ 종말의 때

예수님께서 성전을 보고 감탄하는 제자들에게 성전이 결국 폐허가 될 것이라고 말씀하셨다. 그러자 제자들은 그때가 언제일지 물었고, 예수님은 재난이 시작될 때 나타날 여러 현상들에 대해 설명하셨다. 그때가 되면 복음으로 인해 제자들이 박해를 받을 것이며, 성령께서 그들에게 할 말을 주실 것이라고 가르치셨다. 또한, 인내를 통해 구원을 얻게 될 것이라고 하셨다.

최악의 환난이 닥칠 때는 도망하라고 하셨고, 그 시기에는 기적들로 인해 택함 받은 자들까지 미혹할 거짓 그리스도와 거짓 선지자들이 나타날 것이라고 경고하셨다. 그 환난은 전에도 없었고, 앞으로도 없을 만큼 심각할 것이라고 하셨다. 그날에는 흑암이 임할 것이며, 그 후에 예수님께서 재림하실 것이라고 말씀하셨다.

예수님은 그날과 그 시각은 오직 아버지만 아신다고 하셨다. 그러므로 그날이 도둑같이 임할 것이기에 항상 깨어 있으라고 강조하셨다. 예수님은 이 경고를 마음에 새기고, 언제나 준비된 자세로 살아야 한다고 제자들에게 가르치셨다.

○ 유다의 배신과 십자가에 달리신 예수

예루살렘에서는 종교 지도자들이 예수님을 죽일 계획을 논의하고 있었다. 그때 한 여인이 비싼 향유를 깨뜨려 예수님의 장례를 미리 준비하자, 이를 본 사람들이 그녀를 책망했다. 그러나 예수님은 그녀의 행동이 복음과 함께 전파될 것이라고 말씀하셨다. 한편, 가룟 유다는 대제사장들에게 가서 예수님을 넘겨주기로 약속했다.

유월절 음식을 준비할 집은 예수님의 지시에 따라 제자들이 만난 사람을 통해 마련되었고, 그곳에서 예수님은 배신자 유다와 함께 마지막 만찬을 나누셨다. 식사 중 예수님은 자신을 배신할 자가 있음을 예고하시며 안타까워하셨다. 그 후 예수님은 자신의 몸을 상징하는 떡과 피를 상징하는 포도주로 성만찬을 제정하셨다.

유월절 식사를 마친 후, 예수님은 제자들과 함께 감람산으로 이동하셨고, 그곳에서 제자들이 자신을 버리고 도망갈 것을 예고하셨다. 그러나 제자들은 결코 그러지 않을 것이라고 단언했다. 예수님은 세 명의 제자를 데리고 조금 더 가신 후, 그들에게 깨어 있으라고 하시며 홀로 나아가 "이 잔이 옮겨지길 원하지만, 하나님의 뜻이라면 감당하겠다"는 기도를 세 번 드리셨다. 예수님이 돌아올 때마다 제자들은 잠들어 있었고, 세 번째로 돌아오신 예수님은 "이제는 때가 되었다"고 하시며 그들을 데리고 가셨다.

유다가 예수님께 입 맞추자, 유다와 함께 온 무리들이 예수님을 붙잡았다. 한 제자가 무력으로 저항했으나, 예수님은 중재하셨고, 그 후 모든 제자들은 도망갔다. 그중 한 청년이 예수님을 따르다가 잡혀 벗은 몸으로 도망쳤다.

예수님이 대제사장의 집으로 끌려가시자, 뜰 안에는 몰래 불을 쬐고 있는 베드로가 있었다. 대제사장 앞에서는 거짓 증인들이 일치하지 않는 증언을 하며 예수님을 고발하려 했다. 마지막으로 대제사장이 예수님께 "당신이 메시야냐?"고 묻자, 예수님은 "그렇다"고 대답하셨고, 대제사장은 신성모독죄로 예수님을 희롱하며 사형에 처해야 한다는 분위기를 조성했다. 그때 뜰에 있던 베드로는 여종의 의심을 받자 닭이 두 번 울기 전

세 번 예수님을 부인했고, 예수님의 말씀이 생각나 울었다.

다음 날, 예수님은 빌라도 앞에 끌려가 많은 거짓 고발에도 침묵하셨다. 빌라도는 예수님께 "유대인의 왕이냐?"고 물었고, 예수님은 긍정의 대답만 하셨다. 빌라도는 무리들에게 명절 특사로 누구를 풀어줄지를 물었고, 무리들은 예수님 대신 바라바를 풀어달라고 요구했다. 결국 빌라도는 무리의 요구대로 예수님께 십자가형을 선고했다.

예수님은 구레네 시몬의 도움으로 십자가를 지고 골고다로 가서서 못 박히셨고, 군인들은 예수님의 옷을 제비 뽑아 나누었다. 예수님은 두 강도 사이에 못 박히셨으며, 십자가 위에는 "유대인의 왕"이라는 표식이 붙었다. 무리들은 예수님을 조롱하며 "네가 스스로를 구원하면 믿겠다"고 했다. 그 후 하늘이 어두워졌고, 예수님은 마지막 외침을 하신 후 돌아가셨다. 그 순간 성전의 휘장이 찢어졌고, 이 광경을 본 백부장은 "이분은 진정 하나님의 아들이었다"고 고백했다. 이 모든 것을 지켜본 여인들이 예수님 곁에 있었다.

아리마대 요셉은 빌라도에게 예수님의 시신을 요구하여 자신의 돌무덤에 예수님을 안치했다.

○ 예수의 부활과 제자들의 복음 전파

안식일이 지난 후, 예수님의 무덤을 알고 있던 여인들이 미처 다하지 못한 장례 예식을 위해 새벽에 무덤으로 향했다. 그러나 닫혀 있어야 할 무덤은 열려 있었다. 여인들이 무덤 속에 들어가 보니, 그곳에 한 청년이 앉아 있었다. 그는 여인들에게 예수님이 부활하여 갈릴리로 가셨다고 전했지만, 여인들은 두려움에 사로잡혔다.

부활하신 예수님을 본 마리아는 사람들에게 이 사실을 알렸지만, 그들은 믿지 않았다. 시골길을 걷던 두 제자가 예수님을 만났고, 그들도 남은 제자들에게 예수님의 부활을 전했으나, 역시 믿지 않았다. 결국 예수님께서 열한 제자에게 나타나셔서 그들의 불신을 꾸짖으셨고, 복음을 전파하라는 명령과 믿는 자들에게 따를 표적들을 말씀하셨다.

예수님은 승천하셔서 하나님 오른편에 앉아 계셨고, 제자들은 주님의 도움을 받아 복음을 열심히 전파했다. 이렇게 마가복음은 예수님의 승천과 제자들이 사명을 충실히 수행하는 모습으로 끝을 맺었다.

Deep Learning Mark

딥러닝으로 읽는 마가복음

예수로 들썩이는 유대 전역

마가복음 1:1 ~ 3:35

01. 세례 요한의 등장과 세례 받으신 예수

시작

1 하나님의 아들 예수 그리스도의 복음의 시작이라

이사야서 말씀대로
광야에서 회개를
선포하는 세례 요한

2선지자 이사야의 글에 보라 내가 내 사자를 네 앞에 보내노니 그가 네 길을 준비하리라 3광야에 외치는 자의 소리가 있어 이르되 너희는 주의 길을 준비하라 그의 오실 길을 곧게 하라 기록된 것과 같이 4세례 요한이 광야에 이르러 죄 사함을 받게 하는 회개의 세례를 전파하니 5온 유대 지방과 예루살렘 사람이 다 나아가 자기 죄를 자복하고 요단강에서 그에게 세례를 받더라

자연인의 모습으로
메시야를 증언하는
세례 요한

6요한은 낙타털 옷을 입고 허리에 가죽 띠를 띠고 메뚜기와 석청을 먹더라 7그가 전파하여 이르되 나보다 능력 많으신 이가 내 뒤에 오시나니 나는 굽혀 그의 신발끈을 풀기도 감당하지 못하겠노라 8나는 너희에게 물로 세례를 베풀었거니와 그는 너희에게 성령으로 세례를 베푸시리라

요한에게 세례를
받은 하나님의
아들 예수

9그 때에 예수께서 갈릴리 나사렛으로부터 와서 요단 강에서 요한에게 세례를 받으시고 10곧 물에서 올라오실새 하늘이 갈라짐과 성령이 비둘기 같이 자기에게 내려오심을 보시더니 11하늘로부터 소리가 나기를 너는 내 사랑하는 아들이라 내가 너를 기뻐하노라 하시니라

02. 광야시험 후 공생애 사역을 준비하시는 예수

¹²성령이 곧 예수를 광야로 몰아내신지라 ¹³광야에서 사십 일을 계시면서 사탄에게 시험을 받으시며 들짐승과 함께 계시니 천사들이 수종 들더라

¹⁴요한이 잡힌 후 예수께서 갈릴리에 오셔서 하나님의 복음을 전파하여 ¹⁵이르시되 때가 찼고 하나님의 나라가 가까이 왔으니 회개하고 복음을 믿으라 하시더라

¹⁶갈릴리 해변으로 지나가시다가 시몬과 그 형제 안드레가 바다에 그물 던지는 것을 보시니 그들은 어부라 ¹⁷예수께서 이르시되 나를 따라오라 내가 너희로 사람을 낚는 어부가 되게 하리라 하시니 ¹⁸곧 그물을 버려두고 따르니라 ¹⁹조금 더 가시다가 세베대의 아들 야고보와 그 형제 요한을 보시니 그들도 배에 있어 그물을 깁는데 ²⁰곧 부르시니 그 아버지 세베대를 품꾼들과 함께 배에 버려두고 예수를 따라가니라

03. 처음으로 가버나움에서 가르치시고 치유를 행하신 예수

²¹그들이 가버나움에 들어가니라 예수께서 곧 안식일에 회당에 들어가 가르치시매 ²²뭇 사람이 그의 교훈에 놀라니 이는 그가 가르치시는 것이 권위 있는 자와 같고 서기관들과 같지 아니함 일러라

²³마침 그들의 회당에 더러운 귀신 들린 사람이

성령에 이끌려
광야에서 사탄에게
시험받는 예수

하나님 나라가
가까이 왔음을
선포하는 예수

그물과 배를 버리고
예수를 따르는
네 명의 어부

예수의 가르침에
놀라는 회당 안 사람들

더러운 귀신을 내쫓은
예수의 권위에 놀라는 사람들

있어 소리 질러 이르되 ²⁴나사렛 예수여 우리가 당신과 무슨 상관이 있나이까 우리를 멸하러 왔나이까 나는 당신이 누구인 줄 아노니 하나님의 거룩한 자니이다 ²⁵예수께서 꾸짖어 이르시되 잠잠하고 그 사람에게서 나오라 하시니 ²⁶더러운 귀신이 그 사람에게 경련을 일으키고 큰 소리를 지르며 나오는지라 ²⁷다 놀라 서로 물어 이르되 이는 어찜이냐 권위 있는 새 교훈이로다 더러운 귀신들에게 명한즉 순종하는도다 하더라

전파되는 소문 ⋯⋯⋯⋯ ²⁸예수의 소문이 곧 온 갈릴리 사방에 퍼지더라

열병을 앓고 있는 ⋯⋯⋯⋯ ²⁹회당에서 나와 곧 야고보와 요한과 함께 시몬과 안드레의 집에 들어가시니 ³⁰시몬의 장모가 열병으로 누워 있는지라 사람들이 곧 그 여자에 대하여 예수께 여짜온대 ³¹나아가사 그 손을 잡아 일으키시니 열병이 떠나고 여자가 그들에게 수종 드니라
시몬의 장모를
고치신 예수

마을의 모든 병자와 ⋯⋯⋯⋯ ³²저물어 해 질 때에 모든 병자와 귀신 들린 자를 예수께 데려오니 ³³온 동네가 그 문 앞에 모였더라 ³⁴예수께서 각종 병이 든 많은 사람을 고치시며 많은 귀신을 내쫓으시되 귀신이 자기를 알므로 그 말하는 것을 허락하지 아니하시니라
귀신 들린 사람들을
고치신 예수

04. 갈릴리 전역으로 전도를 떠나신 예수

기도 중인 자신을 ⋯⋯⋯⋯ ³⁵새벽 아직도 밝기 전에 예수께서 일어나 나가 한적한 곳으로 가사 거기서 기도하시더니 ³⁶시몬과 및 그와 함께 있는 자들이 예수의 뒤를 따라가 ³⁷만나서
찾아온 제자들에게
전도여행을
말씀하신 예수

이르되 모든 사람이 주를 찾나이다 ³⁸이르시되 우리
가 다른 가까운 마을들로 가자 거기서도 전도하리니
내가 이를 위하여 왔노라 하시고

³⁹이에 온 갈릴리에 다니시며 그들의 여러 회당에서
전도하시고 또 귀신들을 내쫓으시더라

⁴⁰한 나병환자가 예수께 와서 꿇어 엎드려 간구하여
이르되 원하시면 저를 깨끗하게 하실 수 있나이다 ⁴¹
예수께서 불쌍히 여기사 손을 내밀어 그에게 대시며
이르시되 내가 원하노니 깨끗함을 받으라 하시니 ⁴²
곧 나병이 그 사람에게서 떠나가고 깨끗하여진지라

⁴³곧 보내시며 엄히 경고하사 ⁴⁴이르시되 삼가 아무에
게 아무 말도 하지 말고 가서 네 몸을 제사장에게 보
이고 네가 깨끗하게 되었으니 모세가 명한 것을 드려
그들에게 입증하라 하셨더라 ⁴⁵그러나 그 사람이 나
가서 이 일을 많이 전파하여 널리 퍼지게 하니 그러므
로 예수께서 다시는 드러나게 동네에 들어가지 못하
시고 오직 바깥 한적한 곳에 계셨으나 사방에서 사람
들이 그에게로 나아오더라

05. 중풍 병자와 레위의 죄를 용서하시고 그들과 함께하신 예수

친구들의 믿음을
통해 예수님께
죄 사함을 받은
중풍병자

2 수 일 후에 예수께서 다시 가버나움에 들어 가시니 집에 계시다는 소문이 들린지라 ²많은 사람이 모여서 문 앞까지도 들어설 자리가 없게 되었는데 예수께서 그들에게 도를 말씀하시더니 ³사람들이 한 중풍병자를 네 사람에게 메워 가지고 예수께로 올새 ⁴무리들 때문에 예수께 데려갈 수 없으므로 그 계신 곳의 지붕을 뜯어 구멍을 내고 중풍병자가 누운 상을 달아 내리니 ⁵예수께서 그들의 믿음을 보시고 중풍병자에게 이르시되 작은 자야 네 죄 사함을 받았느니라 하시니

황당해하는
서기관들에게 죄 사함의
권세를 보여주겠다고
말씀하신 예수

⁶어떤 서기관들이 거기 앉아서 마음에 생각하기를 ⁷이 사람이 어찌 이렇게 말하는가 신성 모독이로다 오직 하나님 한 분 외에는 누가 능히 죄를 사하겠느냐 ⁸그들이 속으로 이렇게 생각하는 줄을 예수께서 곧 중심에 아시고 이르시되 어찌하여 이것을 마음에 생각하느냐 ⁹중풍병자에게 네 죄 사함을 받았느니라 하는 말과 일어나 네 상을 가지고 걸어가라 하는 말 중에서 어느 것이 쉽겠느냐 ¹⁰그러나 인자가 땅에서 죄를 사하는 권세가 있는 줄을 너희로 알게하려 하노라 하시고 중풍병자에게 말씀하시되

중풍병자가
온전하게 된 것을
보고 놀라는 사람들

¹¹내가 네게 이르노니 일어나 네 상을 가지고 집으로 가라 하시니 ¹²그가 일어나 곧 상을 가지고 모든 사람 앞에서 나가거늘 그들이 다 놀라 하나님께 영광을 돌리며 이르되 우리가 이런 일을 도무지 보지 못

하였다 하더라

¹³예수께서 다시 바닷가에 나가시매 큰 무리가 나왔거늘 예수께서 그들을 가르치시니라 ¹⁴또 지나가시다가 알패오의 아들 레위가 세관에 앉아 있는 것을 보시고 그에게 이르시되 나를 따르라 하시니 일어나 따르니라 ¹⁵그의 집에 앉아 잡수실 때에 많은 세리와 죄인들이 예수와 그의 제자들과 함께 앉았으니 이는 그러한 사람들이 많이 있어서 예수를 따름이러라

¹⁶바리새인의 서기관들이 예수께서 죄인 및 세리들과 함께 잡수시는 것을 보고 그의 제자들에게 이르되 어찌하여 세리 및 죄인들과 함께 먹는가 ¹⁷예수께서 들으시고 그들에게 이르시되 건강한 자에게는 의사가 쓸데없고 병든 자에게라야 쓸 데 있느니라 나는 의인을 부르러 온 것이 아니요 죄인을 부르러 왔노라 하시니라

06. 금식과 안식일의 본질을 설명하시는 예수

금식하지 않는
제자들에 대한 의문에
비유로 답하시는 예수

[18]요한의 제자들과 바리새인들이 금식하고 있는지라 사람들이 예수께 와서 말하되 요한의 제자들과 바리새인의 제자들은 금식하는데 어찌하여 당신의 제자들은 금식하지 아니하나이까 [19]예수께서 그들에게 이르시되 혼인 집 손님들이 신랑과 함께 있을 때에 금식할 수 있느냐 신랑과 함께 있을 동안에는 금식할 수 없느니라 [20]그러나 신랑을 빼앗길 날이 이르리니 그 날에는 금식할 것이니라 [21]생베 조각을 낡은 옷에 붙이는 자가 없나니 만일 그렇게 하면 기운 새 것이 낡은 그것을 당기어 해어짐이 더하게 되느니라 [22]새 포도주를 낡은 가죽 부대에 넣는 자가 없나니 만일 그렇게 하면 새 포도주가 부대를 터뜨려 포도주와 부대를 버리게 되리라 오직 새 포도주는 새 부대에 넣느니라 하시니라

안식일을 어긴 제자들의
행동을 지적하는
바리새인들에게
안식일의 존재 이유를
설명하시는 예수

[23]안식일에 예수께서 밀밭 사이로 지나가실새 그의 제자들이 길을 열며 이삭을 자르니 [24]바리새인들이 예수께 말하되 보시오 저들이 어찌하여 안식일에 하지 못할 일을 하나이까 [25]예수께서 이르시되 다윗이 자기와 및 함께 한 자들이 먹을 것이 없어 시장할 때에 한 일을 읽지 못하였느냐 [26]그가 아비아달 대제사장 때에 하나님의 전에 들어가서 제사장 외에는 먹어서는 안 되는 진설병을 먹고 함께 한 자들에게도 주지 아니하였느냐[27]또 이르시되 안식일이 사람을 위

하여 있는 것이요 사람이 안식일을 위하여 있는 것이
아니니 28이러므로 인자는 안식일에도 주인이니라

3예수께서 다시 회당에 들어가시니 한쪽 손 마른
사람이 거기 있는지라 2사람들이 예수를 고발하려
하여 안식일에 그 사람을 고치시는가 주시하고 있거
늘 3예수께서 손 마른 사람에게 이르시되 한 가운데
에 일어서라 하시고 4그들에게 이르시되 안식일에 선
을 행하는 것과 악을 행하는 것, 생명을 구하는 것과
죽이는 것, 어느 것이 옳으냐 하시니 그들이 잠잠하
거늘 5그들의 마음이 완악함을 탄식하사 노하심으로
그들을 둘러보시고 그 사람에게 이르시되 네 손을 내
밀라 하시니 내밀매 그 손이 회복되었더라

07. 하나님의 뜻을 기준으로 확장되는 두 세력

6바리새인들이 나가서 곧 헤롯당과 함께 어떻게 하
여 예수를 죽일까 의논하니라

7예수께서 제자들과 함께 바다로 물러가시니 갈릴리
에서 큰 무리가 따르며 8유대와 예루살렘과 이두매
와 요단 강 건너편과 또 두로와 시돈 근처에서 많은
무리가 그가 하신 큰 일을 듣고 나아오는지라 9예수
께서 무리가 에워싸 미는 것을 피하기 위하여 작은
배를 대기하도록 제자들에게 명하셨으니 10이는 많
은 사람을 고치셨으므로 병으로 고생하는 자들이 예
수를 만지고자 하여 몰려왔음이더라 11더러운 귀신
들도 어느 때든지 예수를 보면 그 앞에 엎드려 부르

짖어 이르되 당신은 하나님의 아들이니이다 하니 [12]예수께서 자기를 나타내지 말라고 많이 경고하시니라

전도와 축사를 할 12명의 제자를 자신과 함께하기 위해 세우신 예수

[13]또 산에 오르사 자기가 원하는 자들을 부르시니 나아온지라 [14]이에 열둘을 세우셨으니 이는 자기와 함께 있게 하시고 또 보내사 전도도 하며 [15]귀신을 내쫓는 권능도 가지게 하려 하심이러라 [16]이 열둘을 세우셨으니 시몬에게는 베드로란 이름을 더하셨고 [17]또 세베대의 아들 야고보와 야고보의 형제 요한이니 이 둘에게는 보아너게 곧 우레의 아들이란 이름을 더하셨으며 [18]또 안드레와 빌립과 바돌로매와 마태와 도마와 알패오의 아들 야고보와 및 다대오와 가나나인 시몬이며 [19]또 가룟 유다니 이는 예수를 판 자더라

예수가 미쳤다는 소문을 듣고 찾아온 친족들

[20]집에 들어가시니 무리가 다시 모이므로 식사할 겨를도 없는지라 [21]예수의 친족들이 듣고 그를 붙들러 나오니 이는 그가 미쳤다 함일러라

귀신의 왕으로 귀신을 내쫓는다는 서기관들의 주장에 성령 모독죄는 용서받을 수 없다고 말씀하신 예수

[22]예루살렘에서 내려온 서기관들은 그가 바알세불이 지폈다 하며 또 귀신의 왕을 힘입어 귀신을 쫓아낸다 하니 [23]예수께서 그들을 불러다가 비유로 말씀하시되 사탄이 어찌 사탄을 쫓아낼 수 있느냐 [24]또 만일 나라가 스스로 분쟁하면 그 나라가 설 수 없고 [25]만일 집이 스스로 분쟁하면 그 집이 설 수 없고 [26]만일 사탄이 자기를 거슬러 일어나 분쟁하면 설 수 없고 망하느니라 [27]사람이 먼저 강한 자를 결박하지 않고는 그 강한 자의 집에 들어가 세간을 강탈하지 못하리니 결박한 후에야 그 집을 강탈하리라 [28]내가 진실

로 너희에게 이르노니 사람의 모든 죄와 모든 모독하
는 일은 사하심을 얻되 ²⁹누구든지 성령을 모독하는
자는 영원히 사하심을 얻지 못하고 영원한 죄가 되느
니라 하시니 ³⁰이는 그들이 말하기를 더러운 귀신이
들렸다 함이러라

³¹그 때에 예수의 어머니와 동생들이 와서 밖에 서서
사람을 보내어 예수를 부르니 ³²무리가 예수를 둘러
앉았다가 여짜오되 보소서 당신의 어머니와 동들과
누이들이 밖에서 찾나이다 ³³대답하시되 누가 내 어
머니이며 동생들이냐 하시고 ³⁴둘러 앉은 자들을 보
시며 이르시되 내 어머니와 내 동생들을 보라 ³⁵누구
든지 하나님의 뜻대로 행하는 자가 내 형제요 자매
요 어머니이니라

하나님의 뜻대로
행하는 사람이 자신의
가족임을 무리와 가족
에게 말씀하신 예수

Deep Learning Mark
딥러닝으로 읽는 마가복음

확장되는 하나님 나라와 배척자들

마가복음 4:1 ~ 8:26

08. 비유와 해석을 통해 전파되는 하나님 나라

바닷가에서 네 종류의 땅에 뿌려진 씨앗의 비유를 말씀하신 예수

4 예수께서 다시 바닷가에서 가르치시니 큰 무리가 모여들거늘 예수께서 바다에 떠 있는 배에 올라앉으시고 온 무리는 바닷가 육지에 있더라 2이에 예수께서 여러 가지를 비유로 가르치시니 그 가르치시는 중에 그들에게 이르시되 3들으라 씨를 뿌리는 자가 뿌리러 나가서 4뿌릴새 더러는 길 가에 떨어지매 새들이 와서 먹어 버렸고 5더러는 흙이 얕은 돌밭에 떨어지매 흙이 깊지 아니하므로 곧 싹이 나오나 6해가 돋은 후에 타서 뿌리가 없으므로 말랐고 7더러는 가시떨기에 떨어지매 가시가 자라 기운을 막으므로 결실하지 못하였고 8더러는 좋은 땅에 떨어지매 자라 무성하여 결실하였으니 삼십 배나 육십 배나 백 배가 되었느니라 하시고 9또 이르시되 들을 귀 있는 자는 들으라 하시니라

비유의 뜻을 묻는 이들에게 가장 기본이 되는 씨 뿌리는 비유를 설명해주시는 예수

10예수께서 홀로 계실 때에 함께 한 사람들이 열두 제자와 더불어 그 비유들에 대하여 물으니 11이르시되 하나님 나라의 비밀을 너희에게는 주었으나 외인에게는 모든 것을 비유로 하나니 12이는 그들로 보기는 보아도 알지 못하며 듣기는 들어도 깨닫지 못하게 하여 돌이켜 죄 사함을 얻지 못하게 하려 함이라 하시고 13또 이르시되 너희가 이 비유를 알지 못할진대 어떻게 모든 비유를 알겠느냐 14뿌리는 자는 말씀을 뿌리는 것이라 15말씀이 길 가에 뿌려졌다는 것은 이들을 가리킴이니 곧 말씀을 들었을 때에 사

탄이 즉시 와서 그들에게 뿌려진 말씀을 빼앗는 것이요 ¹⁶또 이와 같이 돌밭에 뿌려졌다는 것은 이들을 가리킴이니 곧 말씀을 들을 때에 즉시 기쁨으로 받으나 ¹⁷그 속에 뿌리가 없어 잠깐 견디다가 말씀으로 인하여 환난이나 박해가 일어나는 때에는 곧 넘어지는 자요 ¹⁸또 어떤 이는 가시떨기에 뿌려진 자니 이들은 말씀을 듣기는 하되 ¹⁹세상의 염려와 재물의 유혹과 기타 욕심이 들어와 말씀을 막아 결실하지 못하게 되는 자요 ²⁰좋은 땅에 뿌려졌다는 것은 곧 말씀을 듣고 받아 삼십 배나 육십 배나 백 배의 결실을 하는 자니라

²¹또 그들에게 이르시되 사람이 등불을 가져오는 것은 말 아래에나 평상 아래에 두려 함이냐 등경 위에 두려 함이 아니냐 ²²드러내려 하지 않고는 숨긴 것이 없고 나타내려 하지 않고는 감추인 것이 없느니라 ²³들을 귀 있는 자는 들으라 ²⁴또 이르시되 너희가 무엇을 듣는가 스스로 삼가라 너희의 헤아리는 그 헤아림으로 너희가 헤아림을 받을 것이며 더 받으리니 ²⁵있는 자는 받을 것이요 없는 자는 그 있는 것까지도 빼앗기리라

²⁶또 이르시되 하나님의 나라는 사람이 씨를 땅에 뿌림과 같으니 ²⁷그가 밤낮 자고 깨고 하는 중에 씨가 나서 자라되 어떻게 그리 되는지를 알지 못하느니라 ²⁸땅이 스스로 열매를 맺되 처음에는 싹이요 다음에는 이삭이요 그 다음에는 이삭에 충실한 곡식이라 ²⁹열매가 익으면 곧 낫을 대나니 이는 추수 때가 이르렀음이라

씨앗에서 나무까지
성장하는 겨자씨와
같은 하나님의 나라

³⁰또 이르시되 우리가 하나님의 나라를 어떻게 비교하며 또 무슨 비유로 나타낼까 ³¹겨자씨 한 알과 같으니 땅에 심길 때에는 땅 위의 모든 씨보다 작은 것이로되 ³²심긴 후에는 자라서 모든 풀보다 커지며 큰 가지를 내나니 공중의 새들이 그 그늘에 깃들일 만큼 되느니라

무리에게는
쉬운 비유로,
제자들에게는 해석을
더해 주신 예수

³³예수께서 이러한 많은 비유로 그들이 알아들을 수 있는 대로 말씀을 가르치시되 ³⁴비유가 아니면 말씀하지 아니하시고 다만 혼자 계실 때에 그 제자들에게 모든 것을 해석하시더라

09. 제자들과 함께 호수 건너편 군대 귀신 들린 자를 고치시고 다시 돌아오신 예수

이동 중 만난
광풍을 잠잠케 하신
예수를 보고 두려워
하는 제자들

³⁵그 날 저물 때에 제자들에게 이르시되 우리가 저편으로 건너가자 하시니 ³⁶그들이 무리를 떠나 예수를 배에 계신 그대로 모시고 가매 다른 배들도 함께 하더니 ³⁷큰 광풍이 일어나며 물결이 배에 부딪쳐 들어와 배에 가득하게 되었더라 ³⁸예수께서는 고물에서 베개를 베고 주무시더니 제자들이 깨우며 이르되 선생님이여 우리가 죽게 된 것을 돌보지 아니하시나이까 하니 ³⁹예수께서 깨어 바람을 꾸짖으시며 바다더러 이르시되 잠잠하라고요 하라 하시니 바람이 그치고 아주 잔잔하여지더라 ⁴⁰이에 제자들에게 이르시되 어찌하여 이렇게 무서워하느냐 너희가 어찌 믿음이 없느냐 하시니 ⁴¹그들이 심히 두려워하여

서로 말하되 그가 누구이기에 바람과 바다도 순종
하는가 하였더라

5 예수께서 바다 건너편 거라사인의 지방에 이르러
²배에서 나오시매 곧 더러운 귀신 들린 사람이 무덤
사이에서 나와 예수를 만나니라 ³그 사람은 무덤 사
이에 거처하는데 이제는 아무도 그를 쇠사슬로도 맬
수 없게 되었으니 ⁴이는 여러 번 고랑과 쇠사슬에 매
였어도 쇠사슬을 끊고 고랑을 깨뜨렸음이러라 그리
하여 아무도 그를 제어할 힘이 없는지라 ⁵밤낮 무덤
사이에서나 산에서나 늘 소리 지르며 돌로 자기의 몸
을 해치고 있었더라

⁶그가 멀리서 예수를 보고 달려와 절하며 ⁷큰 소리로
부르짖어 이르되 지극히 높으신 하나님의 아들 예수
여 나와 당신이 무슨 상관이 있나이까 원하건대 하
나님 앞에 맹세하고 나를 괴롭히지 마옵소서 하니 ⁸
이는 예수께서 이미 그에게 이르시기를 더러운 귀신
아 그 사람에게서 나오라 하셨음이라 ⁹이에 물으시
되 네 이름이 무엇이냐 이르되 내 이름은 군대니 우
리가 많음이니이다 하고 ¹⁰자기를 그 지방에서 내보
내지 마시기를 간구하더니 ¹¹마침 거기 돼지의 큰 떼
가 산 곁에서 먹고 있는지라 ¹²이에 간구하여 이르되
우리를 돼지에게로 보내어 들어가게 하소서 하니

¹³허락하신대 더러운 귀신들이 나와서 돼지에게로 들
어가매 거의 이천 마리 되는 떼가 바다를 향하여 비
탈로 내리 달아 바다에서 몰사하거늘 ¹⁴치던 자들이
도망하여 읍내와 여러 마을에 말하니 사람들이 어떻

게 되었는지를 보러 와서 [15]예수께 이르러 그 귀신 들렸던 자 곧 군대 귀신 지폈던 자가 옷을 입고 정신이 온전하여 앉은 것을 보고 두려워하더라 [16]이에 귀신 들렸던 자가 당한 것과 돼지의 일을 본 자들이 그들에게 알리매 [17]그들이 예수께 그 지방에서 떠나시기를 간구하더라

원래 상태로 회복되어 데가볼리에서 전도자가 된 귀신 들렸던 사람

[18]예수께서 배에 오르실 때에 귀신 들렸던 사람이 함께 있기를 간구하였으나 [19]허락하지 아니하시고 그에게 이르시되 집으로 돌아가 주께서 네게 어떻게 큰 일을 행하시 너를 불쌍히 여기신 깃을 네 가족에게 알리라 하시니 [20]그가 가서 예수께서 자기에게 어떻게 큰 일 행하셨는지를 데가볼리에 전파하니 모든 사람이 놀랍게 여기더라

10. 12년간 혈루증을 앓은 여인과 12살 야이로의 딸을 고치신 예수

딸을 살려달라는 야이로의 간청을 들으신 예수

[21]예수께서 배를 타시고 다시 맞은편으로 건너가시니 큰 무리가 그에게로 모이거늘 이에 바닷가에 계시더니 [22]회당장 중의 하나인 야이로라 하는 이가 와서 예수를 보고 발 아래 엎드리어 [23]간곡히 구하여 이르되 내 어린 딸이 죽게 되었사오니 오셔서 그 위에 손을 얹으사 그로 구원을 받아 살게 하소서 하거늘 [24]이에 그와 함께 가실새 큰 무리가 따라가며 에워싸 밀더라

12년 동안 앓아온 혈루증이 믿음의 손댐으로 나은 여인

[25]열두 해를 혈루증으로 앓아 온 한 여자가 있어

²⁶많은 의사에게 많은 괴로움을 받았고 가진 것도 다 허비하였으되 아무 효험이 없고 도리어 더 중하여졌던 차에 ²⁷예수의 소문을 듣고 무리 가운데 끼어 뒤로 와서 그의 옷에 손을 대니 ²⁸이는 내가 그의 옷에만 손을 대어도 구원을 받으리라 생각함일러라 ²⁹이에 그의 혈루 근원이 곧 마르매 병이 나은 줄을 몸에 깨달으니라

³⁰예수께서 그 능력이 자기에게서 나간 줄을 곧 스스로 아시고 무리 가운데서 돌이켜 말씀하시되 누가 내 옷에 손을 대었느냐 하시니 ³¹제자들이 여짜오되 무리가 에워싸 미는 것을 보시며 누가 내게 손을 대었느냐 물으시나이까 하되 ³²예수께서 이 일 행한 여자를 보려고 둘러보시니 ³³여자가 자기에게 이루어진 일을 알고 두려워하여 떨며 와서 그 앞에 엎드려 모든 사실을 여쭈니 ³⁴예수께서 이르시되 딸아 네 믿음이 너를 구원하였으니 평안히 가라 네 병에서 놓여 건강할지어다

³⁵아직 예수께서 말씀하실 때에 회당장의 집에서 사람들이 와서 회당장에게 이르되 당신의 딸이 죽었나이다 어찌하여 선생을 더 괴롭게 하나이까 ³⁶예수께서 그 하는 말을 곁에서 들으시고 회당장에게 이르시되 두려워하지 말고 믿기만 하라 하시고

³⁷베드로와 야고보와 야고보의 형제 요한 외에 아무도 따라옴을 허락하지 아니하시고 ³⁸회당장의 집에 함께 가사 떠드는 것과 사람들이 울며 심히 통곡함을 보시고 ³⁹들어가서 그들에게 이르시되 너희가 어찌하여 떠들며 우느냐 이 아이가 죽은 것이 아니라

잔다 하시니 [40]그들이 비웃더라 예수께서 그들을 다 내보내신 후에 아이의 부모와 또 자기와 함께 한 자들을 데리시고 아이 있는 곳에 들어가사 [41]그 아이의 손을 잡고 이르시되 달리다굼 하시니 번역하면 곧 내가 네게 말하노니 소녀야 일어나라 하심이라 [42]소녀가 곧 일어나서 걸으니 나이가 열두 살이라 사람들이 곧 크게 놀라고 놀라거늘 [43]예수께서 이 일을 아무도 알지 못하게 하라고 그들을 많이 경계하시고 이에 소녀에게 먹을 것을 주라 하시니라

11. 예수를 배척한 고향사람들, 그리고 전도여행을 떠난 제자들

6 예수께서 거기를 떠나사 고향으로 가시니 제자들도 따르니라 2안식일이 되어 회당에서 가르치시니 많은 사람이 듣고 놀라 이르되 이 사람이 어디서 이런 것을 얻었느냐 이 사람이 받은 지혜와 그 손으로 이루어지는 이런 권능이 어찌 됨이냐 3이 사람이 마리아의 아들 목수가 아니냐 야고보와 요셉과 유다와 시몬의 형제가 아니냐 그 누이들이 우리와 함께 여기 있지 아니하냐 하고 예수를 배척한지라

4예수께서 그들에게 이르시되 선지자가 자기 고향과 자기 친척과 자기 집 외에서는 존경을 받지 못함이 없느니라 하시며 5거기서는 아무 권능도 행하실 수 없어 다만 소수의 병자에게 안수하여 고치실 뿐이었고 6a그들이 믿지 않음을 이상히 여기셨더라

6b이에 모든 촌에 두루 다니시며 가르치시더라

7열두 제자를 부르사 둘씩 둘씩 보내시며 더러운 귀신을 제어하는 권능을 주시고 8명하시되 여행을 위하여 지팡이 외에는 양식이나 배낭이나 전대의 돈이나 아무것도 가지지 말며 9신만 신고 두 벌 옷도 입지 말라하시고 10또 이르시되 어디서든지 누구의 집에 들어가거든 그곳을 떠나기까지 거기 유하라 11어느 곳에서든지 너희를 영접하지 아니하고 너희 말을 듣지도 아니하거든 거기서 나갈 때에 발아래 먼지를

떨어 버려 그들에게 증거를 삼으라 하시니 [12]제자들이 나가서 회개하라 전파하고 [13]많은 귀신을 쫓아내며 많은 병자에게 기름을 발라 고치더라

12. 헤롯에겐 두려움, 무리에겐 희망인 예수의 소문

자신이 죽인
요한이 예수로
살아났다고
생각한 헤롯

[14]이에 예수의 이름이 드러난지라 헤롯 왕이 듣고 이르되 이는 세례 요한이 죽은 자 가운데서 살아났도다 그러므로 이런 능력이 그 속에서 일어나느니라 하고 [15]어떤 이는 그가 엘리야라 하고 또 어떤 이는 그가 선지자니 옛 선지자 중의 하나와 같다 하되 [16]헤롯은 듣고 이르되 내가 목 벤 요한 그가 살아났다 하더라

헤로디아의
꾀에 넘어가
세례 요한을
죽인 헤롯

[17]전에 헤롯이 자기가 동생 빌립의 아내 헤로디아에게 장가 든 고로 이 여자를 위하여 사람을 보내어 요한을 잡아 옥에 가두었으니 [18]이는 요한이 헤롯에게 말하되 동생의 아내를 취한 것이 옳지 않다 하였음이라 [19]헤로디아가 요한을 원수로 여겨 죽이고자 하였으되 하지 못한 것은 [20]헤롯이 요한을 의롭고 거룩한 사람으로 알고 두려워하여 보호하며 또 그의 말을 들을 때에 크게 번민을 하면서도 달갑게 들음이러라 [21]마침 기회가 좋은 날이 왔으니 곧 헤롯이 자기 생일에 대신들과 천부장들과 갈릴리의 귀인들로 더불어 잔치할새 [22]헤로디아의 딸이 친히 들어와 춤을 추어 헤롯과 그와 함께 앉은 자들을 기쁘게 한지라 왕이 그 소녀에게 이르되 무엇이든지 네가 원하는 것을 내게 구하라 내가 주리라 하고 [23]또 맹세하기

를 무엇이든지 네가 내게 구하면 내 나라의 절반까지라도 주리라 하거늘 24그가 나가서 그 어머니에게 말하되 내가 무엇을 구하리이까 그 어머니가 이르되 세례 요한의 머리를 구하라 하니 25그가 곧 왕에게 급히 들어가 구하여 이르되 세례 요한의 머리를 소반에 얹어 곧 내게 주기를 원하옵나이다 하니 26왕이 심히 근심하나 자기가 맹세한 것과 그 앉은 자들로 인하여 그를 거절할 수 없는지라 27왕이 곧 시위병 하나를 보내어 요한의 머리를 가져오라 명하니 그 사람이 나가 옥에서 요한을 목 베어 28그 머리를 소반에 얹어다가 소녀에게 주니 소녀가 이것을 그 어머니에게 주니라 29요한의 제자들이 듣고 와서 시체를 가져다가 장사하니라

30사도들이 예수께 모여 자기들이 행한 것과 가르친 것을 낱낱이 고하니 31이르시되 너희는 따로 한적한 곳에 가서 잠깐 쉬어라 하시니 이는 오고 가는 사람이 많아 음식 먹을 겨를도 없음이라 32이에 배를 타고 따로 한적한 곳에 갈새 33그들이 가는 것을 보고 많은 사람이 그들인 줄 안지라 모든 고을로부터 도보로 그 곳에 달려와 그들보다 먼저 갔더라 34예수께서 나오사 큰 무리를 보시고 그 목자 없는 양 같음으로 인하여 불쌍히 여기사 이에 여러 가지로 가르치시더라

………… 예수를 보고 찾아온
무리를 불쌍히 여겨
가르치신 예수

13. 오병이어 기적을 경험하고도 마음이 둔해진 제자들

제자들의 무리 해산
제안에 식량을 파악하라고
말씀하신 예수

35때가 저물어가매 제자들이 예수께 나아와 여짜오되 이곳은 빈 들이요 날도 저물어가니 36무리를 보내어 두루 촌과 마을로 가서 무엇을 사 먹게 하옵소서 37대답하여 이르시되 너희가 먹을 것을 주라 하시니 여짜오되 우리가 가서 이백 데나리온의 떡을 사다 먹이리이까 38a이르시되 너희에게 떡 몇 개나 있는지 가서 보라 하시니

무리들을 떼로
앉게 한 뒤 제자들의
음식을 축사하여, 무리가
먹고도 열두 바구니가
남게 하신 예수

38b알아보고 이르되 떡 다섯 개와 물고기 두 마리가 있더이다 하거늘 39제자들에게 명하사 그 모든 사람으로 떼를 지어 푸른 잔디 위에 앉게 하시니 40떼로 백 명씩 또는 오십 명씩 앉은지라 41예수께서 떡 다섯 개와 물고기 두 마리를 가지사 하늘을 우러러 축사하시고 떡을 떼어 제자들에게 주어 사람들에게 나누어 주게 하시고 또 물고기 두 마리도 모든 사람에게 나누시매 42다 배불리 먹고 43남은 떡 조각과 물고기를 열두 바구니에 차게 거두었으며 44떡을 먹은 남자는 오천 명이었더라

바람에 거슬러
노 젓는 제자들에게
물 위를 걸어가신 예수

45예수께서 즉시 제자들을 재촉하사 자기가 무리를 보내는 동안에 배 타고 앞서 건너편 벳새다로 가게 하시고 46무리를 작별하신 후에 기도하러 산으로 가시니라 47저물매 배는 바다 가운데 있고 예수께서는 홀로 뭍에 계시다가 48바람이 거스르므로 제자들이 힘겹게 노 젓는 것을 보시고 밤 사경쯤에 바다 위로 걸어서 그들에게 오사 지나가려고 하시매

오병이어의 기적은
잊은 채, 예수가 물 위를 걷고
바람을 멈추게 한 것에
놀란 제자들

49제자들이 그가 바다 위로 걸어 오심을 보고 유령인

가 하여 소리 지르니 ⁵⁰그들이 다 예수를 보고 놀람
이라 이에 예수께서 곧 그들에게 말씀하여 이르시되
안심하라 내니 두려워하지 말라 하시고 ⁵¹배에 올라
그들에게 가시니 바람이 그치는지라 제자들이 마음
에 심히 놀라니 ⁵²이는 그들이 그 떡 떼시던 일을 깨
닫지 못하고 도리어 그 마음이 둔하여졌음이러라

14. 예수께 온 무리들

⁵³건너가 게네사렛 땅에 이르러 대고 ⁵⁴배에서 내리
니 사람들이 곧 예수신 줄을 알고 ⁵⁵그 온 지방으로
달려 돌아다니며 예수께서 어디 계시다는 말을 듣는
대로 병든 자를 침상째로 메고 나아오니 ⁵⁶아무 데나
예수께서 들어가시는 지방이나 도시나 마을에서 병
자를 시장에 두고 예수께 그의 옷 가에라도 손을 대
게 하시기를 간구하니 손을 대는 자는 다 성함을 얻
으니라

15. 본질이 형식보다 중요함을 가르치신 예수

7 바리새인들과 또 서기관 중 몇이 예루살렘에서
와서 예수께 모여들었다가 ²그의 제자 중 몇 사람이
부정한 손 곧 씻지 아니한 손으로 떡 먹는 것을 보았
더라 ³(바리새인들과 모든 유대인들은 장로들의 전
통을 지키어 손을 잘 씻지 않고서는 음식을 먹지 아
니하며 ⁴또 시장에서 돌아와서도 물을 뿌리지 않고
서는 먹지 아니하며 그 외에도 여러 가지를 지키어 오

는 것이 있으니 잔과 주발과 놋그릇을 씻음이러라) ⁵이에 바리새인들과 서기관들이 예수께 묻되 어찌하여 당신의 제자들은 장로들의 전통을 준행하지 아니하고 부정한 손으로 떡을 먹나이까

사람의 전통으로
하나님의 계명을 폐하는
잘못을 고르반 전통을
예로 들어 지적하신 예수

⁶이르시되 이사야가 너희 외식하는 자에 대하여 잘 예언하였도다 기록하였으되 이 백성이 입술로는 나를 공경하되 마음은 내게서 멀도다 ⁷사람의 계명으로 교훈을 삼아 가르치니 나를 헛되이 경배하는도다 하였느니라 ⁸너희가 하나님의 계명은 버리고 사람의 전통을 지키느니라 ⁹또 이르시되 너희가 너희 선통을 지키려고 하나님의 계명을 잘 저버리는도다 ¹⁰모세는 네 부모를 공경하라 하고 또 아버지나 어머니를 모욕하는 자는 죽임을 당하리라 하였거늘 ¹¹너희는 이르되 사람이 아버지에게나 어머니에게나 말하기를 내가 드려 유익하게 할 것이 고르반 곧 하나님께 드림이 되었다고 하기만 하면 그만이라 하고 ¹²자기 아버지나 어머니에게 다시 아무것도 하여 드리기를 허락하지 아니하여 ¹³너희가 전한 전통으로 하나님의 말씀을 폐하며 또 이 같은 일을 많이 행하느니라 하시고

사람을 더럽히는 것은
음식이 아니라 마음에서
나오는 악한 생각이라고
말씀하신 예수

¹⁴무리를 다시 불러 이르시되 너희는 다 내 말을 듣고 깨달으라 ¹⁵무엇이든지 밖에서 사람에게로 들어가는 것은 능히 사람을 더럽게 하지 못하되 ¹⁶사람 안에서 나오는 것이 사람을 더럽게 하는 것이니라 하시고 ¹⁷무리를 떠나 집으로 들어가시니 제자들이 그 비유를 묻자 온대 ¹⁸예수께서 이르시되 너희도 이렇게 깨달음이 없느냐 무엇이든지 밖에서 들어가는 것

이 능히 사람을 더럽게 하지 못함을 알지 못하느냐
[19]이는 마음으로 들어가지 아니하고 배로 들어가 뒤
로 나감이라 이러므로 모든 음식물을 깨끗하다 하시
니라 [20]또 이르시되 사람에게서 나오는 그것이 사람
을 더럽게 하느니라 [21]속에서 곧 사람의 마음에서 나
오는 것은 악한 생각 곧 음란과 도둑질과 살인과 [22]
간음과 탐욕과 악독과 속임과 음탕과 질투와 비방
과 교만과 우매함이니 [23]이 모든 악한 것이 다 속에
서 나와서 사람을 더럽게 하느니라

16. 귀신 들린 이방 여인의 딸과 장애인을 고치신 예수

[24]예수께서 일어나사 거기를 떠나 두로 지방으로 가
서 한 집에 들어가 아무도 모르게 하시려 하나 숨길
수 없더라 [25]이에 더러운 귀신 들린 어린 딸을 둔 한
여자가 예수의 소문을 듣고 곧 와서 그 발아래에 엎
드리니 [26] 그 여자는 헬라인이요 수로보니게 족속이
라 자기 딸에게서 귀신 쫓아내 주시기를 간구하거늘
[27]예수께서 이르시되 자녀로 먼저 배불리 먹게 할지
니 자녀의 떡을 취하여 개들에게 던짐이 마땅치 아니
하니라 [28]여자가 대답하여 이르되 주여 옳소이다 마
는 상 아래 개들도 아이들이 먹던 부스러기를 먹나이
다 [29]예수께서 이르시되 이 말을 하였으니 돌아가라
귀신이 네 딸에게서 나갔느니라 하시매 [30]여자가 집
에 돌아가 본즉 아이가 침상에 누웠고 귀신이 나갔
더라

예수의 거절에도
은혜를 간구한
어머니로 인해
고침 받은 딸

사람들이 데려온
귀먹고 말 더듬는
이를 외딴곳에서
고치신 예수

³¹예수께서 다시 두로 지방에서 나와 시돈을 지나고 데가볼리 지방을 통과하여 갈릴리 호수에 이르시매 ³²사람들이 귀먹고 말 더듬는 자를 데리고 예수께 나아와 안수하여 주시기를 간구하거늘 ³³예수께서 그 사람을 따로 데리고 무리를 떠나사 손가락을 그의 양 귀에 넣고 침을 뱉어 그의 혀에 손을 대시며 ³⁴하늘을 우러러 탄식하시며 그에게 이르시되 에바다 하시니 이는 열리라는 뜻이라 ³⁵그의 귀가 열리고 혀가 맺힌 것이 곧 풀려 말이 분명하여졌더라 ³⁶예수께서 그들에게 경고하사 아무에게도 이르지 말라 하시되 경고하실수록 그들이 더욱 널리 전파하니 ³⁷사람들이 심히 놀라 이르되 그가 모든 것을 잘하였도다 못 듣는 사람도 듣게 하고 말 못 하는 사람도 말하게 한다 하니라

17. 기적을 경험한 자, 보지 못한 자, 잊은 자

사흘간 식사도
못한 무리들에게
제자들의 떡과 물고
기로 4천 명을 먹이고
일곱 광주리가
남게 하신 예수

8 그 무렵에 또 큰 무리가 있어 먹을 것이 없는지라 예수 께서 제자들을 불러 이르시되 ²내가 무리를 불쌍히 여기노라 그들이 나와 함께 있은 지 이미 사흘이 지났으나 먹을 것이 없도다 ³만일 내가 그들을 굶겨 집으로 보내면 길에서 기진하리라 그중에는 멀리서 온 사람들도 있느니라 ⁴제자들이 대답하되 이 광야 어디서 떡을 얻어 이 사람들로 배부르게 할 수 있으리이까 ⁵예수께서 물으시되 너희에게 떡 몇 개나 있느냐 이르되 일곱이로소이 다 하거늘 ⁶예수께서 무리를 명하여 땅에 앉게 하시고 떡 일곱 개를 가지사

축사하시고 떼어 제자들에게 주어 나누어 주게 하시니 제자들이 무리에게 나누어 주더라 ⁷또 작은 생선 두어 마리가 있는지라 이에 축복하시고 명하사 이것도 나누어 주게 하시니 ⁸배불리 먹고 남은 조각 일곱 광주리를 거두었으며 ⁹사람은 약 사천 명이었더라 예수께서 그들을 흩어 보내시고 ¹⁰곧 제자들과 함께 배에 오르사 달마누다 지방으로 가시니라

¹¹바리새인들이 나와서 예수를 힐난하며 그를 시험하여 하늘로부터 오는 표적을 구하거늘 ¹²예수께서 마음속으로 깊이 탄식하시며 이르시되 어찌하여 이 세대가 표적을 구하느냐 내가 진실로 너희에게 이르노니 이 세대에 표적을 주지 아니하리라 하시고 ¹³그들을 떠나 다시 배에 올라 건너편으로 가시니라

¹⁴제자들이 떡 가져오기를 잊었으매 배에 떡 한 개밖에 그들에게 없더라 ¹⁵예수께서 경고하여 이르시되 삼가 바리새인들의 누룩과 헤롯의 누룩을 주의하라 하시니 ¹⁶제자들이 서로 수군거리기를 이는 우리에게 떡이 없음이로다 하거늘 ¹⁷예수께서 아시고 이르시되 너희가 어찌 떡이 없음으로 수군거리느냐 아직도 알지 못하며 깨닫지 못하느냐 너희 마음이 둔하냐 ¹⁸너희가 눈이 있어도 보지 못하며 귀가 있어도 듣지 못하느냐 또 기억하지 못하느냐 ¹⁹내가 떡 다섯 개를 오천 명에게 떼어줄 때에 조각 몇 바구니를 거두었더냐 이르되 열둘이니이다 ²⁰또 일곱 개를 사천 명에게 떼어 줄 때에 조각 몇 광주리를 거두었더냐 이르되 일곱이니이다 ²¹이르시되 아직도 깨닫지 못하느냐 하시니라

마을 사람들이
데려온 맹인을
마을 밖에서 두 번
안수하여 고치시고,
마을로 돌아가지
말라고 하신 예수

²²벳새다에 이르매 사람들이 맹인 한 사람을 데리고 예수께 나아와 손 대시기를 구하거늘 ²³예수께서 맹인의 손을 붙잡으시고 마을 밖으로 데리고 나가사 눈에 침을 뱉으시며 그에게 안수하시고 무엇이 보이느냐 물으시니 ²⁴쳐다보며 이르되 사람들이 보이나이다 나무 같은 것들이 걸어가는 것을 보나이다 하거늘 ²⁵이에 그 눈에 다시 안수하시매 그가 주목하여 보더니 나아서 모든 것을 밝히 보는지라 ²⁶예수께서 그 사람을 집으로 보내시며 이르시되 마을에는 들어가지 말라 하시니라

Deep Learning Mark
딥러닝으로 읽는 마가복음

예수의
마지막 가르침

마가복음 8:27 ~ 13:37

18. 그리스도의 십자가와 부활, 그리고 우리의 십자가와 부활

'나를 누구라 생각하느냐'는 질문에 그리스도라고 답한 베드로에게 누설하지 말라고 경고하신 예수

27예수와 제자들이 빌립보 가이사랴 여러 마을로 나가실새 길에서 제자들에게 물어 이르시되 사람들이 나를 누구라고 하느냐 28제자들이 여짜와 이르되 세례 요한이라 하고 더러는 엘리야, 더러는 선지자 중의 하나라 하나이다 29또 물으시되 너희는 나를 누구라 하느냐 베드로가 대답하여 이르되 주는 그리스도시니이다 하매 30이에 자기의 일을 아무에게도 말하지 말라 경고하시고

죽음과 부활을 알린 예수에게 항변한 베드로를 강하게 꾸짖으신 예수

31인자가 많은 고난을 받고 장로들과 대제사장들과 서기관들에게 버린 바 되어 죽임을 당하고 사흘 만에 살아나야 할 것을 비로소 그들에게 가르치시되 32드러내 놓고 이 말씀을 하시니 베드로가 예수를 붙들고 항변하매 33예수께서 돌이키사 제자들을 보시며 베드로를 꾸짖어 이르시되 사탄아 내 뒤로 물러가라 네가 하나님의 일을 생각하지 아니하고 도리어 사람의 일을 생각하는도다 하시고

제자도에 대한 역설을 설명하신 예수

34무리와 제자들을 불러 이르시되 누구든지 나를 따라오려거든 자기를 부인하고 자기 십자가를 지고 나를 따를 것이니라 35누구든지 자기 목숨을 구원하고자 하면 잃을 것이요 누구든지 나와 복음을 위하여 자기 목숨을 잃으면 구원하리라 36사람이 만일 온 천하를 얻고도 자기 목숨을 잃으면 무엇이 유익하리요

³⁷사람이 무엇을 주고 자기 목숨과 바꾸겠느냐

³⁸누구든지 이 음란하고 죄 많은 세대에서 나와 내 말을 부끄러워하면 인자도 아버지의 영광으로 거룩한 천사들과 함께 올 때에 그 사람을 부끄러워하리라

9 또 그들에게 이르시되 내가 진실로 너희에게 이르노니 여기 서 있는 사람 중에는 죽기 전에 하나님의 나라가 권능으로 임하는 것을 볼 자들도 있느니라 하시니라

19. 부활에 무지한 세 명의 제자와 축사에 실패한 아홉 명의 제자

²엿새 후에 예수께서 베드로와 야고보와 요한을 데리시고 따로 높은 산에 올라가셨더니 그들 앞에서 변형되사 ³그 옷이 광채가 나며 세상에서 빨래하는 자가 그렇게 희게 할 수 없을 만큼 매우 희어졌더라

⁴이에 엘리야가 모세와 함께 그들에게 나타나 예수와 더불어 말하거늘 ⁵베드로가 예수께 고하되 랍비여 우리가 여기 있는 것이 좋사오니 우리가 초막 셋을 짓되 하나는 주를 위하여, 하나는 모세를 위하여, 하나는 엘리야를 위하여 하사이다 하니 ⁶이는 그들이 몹시 무서워하므로 그가 무슨 말을 할지 알지 못함이더라

구름 속에서
소리가 난 뒤 사라진
엘리야와 모세

7마침 구름이 와서 그들을 덮으며 구름 속에서 소리가 나되 이는 내 사랑하는 아들이니 너희는 그의 말을 들으라 하는지라 8문득 둘러보니 아무도 보이지 아니하고 오직 예수와 자기들뿐이었더라

'부활까지 발설 금지'
라는 말씀에
부활의 의미를 몰라
서로 묻는 제자들

9그들이 산에서 내려올 때에 예수께서 경고하시되 인자가 죽은 자 가운데서 살아날 때까지는 본 것을 아무에게도 이르지 말라 하시니 10그들이 이 말씀을 마음에 두며 서로 문의하되 죽은 자 가운데서 살아나는 것이 무엇일까 하고

엘리야에 관한
질문에, 그가 이미
왔으나 사람들이
함부로 대했다는 예수

11이에 예수께 묻자와 이르되 어찌하여 서기관들이 엘리야가 먼저 와야 하리라 하나이까 12이르시되 엘리야가 과연 먼저 와서 모든 것을 회복하거니와 어찌 인자에 대하여 기록하기를 많은 고난을 받고 멸시를 당하리라 하였느냐 13그러나 내가 너희에게 이르노니 엘리야가 왔으되 기록된 바와 같이 사람들이 함부로 대우하였느니라 하시니라

쫓아내지 못한
귀신으로 인해
아홉 명의 제자들과
서기관 사이에
벌어진 논쟁과
예수의 한탄

14이에 그들이 제자들에게 와서 보니 큰 무리가 그들을 둘러싸고 서기관들이 그들과 더불어 변론하고 있더라 15온 무리가 곧 예수를 보고 매우 놀라며 달려와 문안하거늘 16예수께서 물으시되 너희가 무엇을 그들과 변론하느냐 17무리 중의 하나가 대답하되 선생님 말 못 하게 귀신 들린 내 아들을 선생님께 데려왔나이다 18귀신이 어디서든지 그를 잡으면 거꾸러져 거품을 흘리며 이를 갈며 그리고 파리해지는지라 내가 선생님의 제자들에게 내쫓아 달라 하였으나 그들이 능히 하지 못하더이다 19대답하여 이르시되 믿음

이 없는 세대여 내가 얼마나 너희와 함께 있으며 얼마나 너희에게 참으리요 그를 내게로 데려오라 하시매

²⁰이에 데리고 오니 귀신이 예수를 보고 곧 그 아이로 심히 경련을 일으키게 하는지라 그가 땅에 엎드러져 구르며 거품을 흘리더라 ²¹예수께서 그 아버지에게 물으시되 언제부터 이렇게 되었느냐 하시니 이르되 어릴 때부터 니이다 ²²귀신이 그를 죽이려고 불과 물에 자주 던졌나이다 그러나 무엇을 하실 수 있거든 우리를 불쌍히 여기사 도와 주옵소서 ²³예수께서 이르시되 할 수 있거든이 무슨 말이냐 믿는 자에게는 능히 하지 못할 일이 없느니라 하시니 ²⁴곧 그 아이의 아버지가 소리를 질러 이르되 내가 믿나이다 나의 믿음 없는 것을 도와 주소서 하더라 ²⁵예수께서 무리가 달려와 모이는 것을 보시고 그 더러운 귀신을 꾸짖어 이르시되 말 못하고 못 듣는 귀신아 내가 네게 명하노니 그 아이에게서 나오고 다시 들어가지 말라 하시매 ²⁶귀신이 소리 지르며 아이로 심히 경련을 일으키게 하고 나가니 그 아이가 죽은 것 같이 되어 많은 사람이 말하기를 죽었다 하나 ²⁷예수께서 그 손을 잡아 일으키시니 이에 일어서니라

²⁸집에 들어가시매 제자들이 조용히 묻자오되 우리는 어찌하여 능히 그 귀신을 쫓아내지 못하였나이까 ²⁹이르시되 기도 외에 다른 것으로는 이런 종류가 나갈 수 없느니라 하시니라

³⁰그곳을 떠나 갈릴리 가운데로 지날새 예수께서 아

무에게도 알리고자 아니하시니 [31]이는 제자들을 가르치시며 또 인자가 사람들의 손에 넘겨져 죽임을 당하고 죽은 지 삼일만에 살아나리라는 것을 말씀하셨기 때문이더라 [32]그러나 제자들은 이 말씀을 깨닫지 못하고 묻기도 두려워하더라

20. "서열", "우리 편", "대접", "죄"에 대한 성도의 관계 원칙

서열에 대해 토론하는 제자들에게 어린아이를 섬기는 자가 큰 자임을 말씀하신 예수

[33]가버나움에 이르러 집에 계실새 제자들에게 물으시되 너희가 길에서 서로 토론한 것이 무엇이냐 하시되 [34]그들이 잠잠하니 이는 길에서 서로 누가 크냐 하고 쟁론하였음이라 [35]예수께서 앉으사 열두 제자를 불러서 이르시되 누구든지 첫째가 되고자 하면 뭇사람의 끝이 되며 뭇사람을 섬기는 자가 되어야 하리라 하시고 [36]어린 아이 하나를 데려다가 그들 가운데 세우시고 안으시며 제자들에게 이르시되 [37]누구든지 내 이름으로 이런 어린아이 하나를 영접하면 곧 나를 영접함이요 누구든지 나를 영접하면 나를 영접함이 아니요 나를 보내신 이를 영접함이니라

'반대자가 아니면 우리 편'이라고 하시며 우리 편의 정의를 말씀하신 예수

[38]요한이 예수께 여짜오되 선생님 우리를 따르지 않는 어떤 자가 주의 이름으로 귀신을 내쫓는 것을 우리가 보고 우리를 따르지 아니하므로 금하였나이다 [39]예수께서 이르시되 금하지 말라 내 이름을 의탁하여 능한 일을 행하고 즉시로 나를 비방할 자가 없느니라 [40]우리를 반대하지 않는 자는 우리를 위하는 자니라

어떤 성도에게든지
대접한 대로
받게 될 상과 벌

⁴¹누구든지 너희가 그리스도에게 속한 자라 하여 물 한 그릇이라도 주면 내가 진실로 너희에게 이르노니 그가 결코 상을 잃지 않으리라 ⁴²또 누구든지 나를 믿는 이 작은 자들 중 하나라도 실족하게 하면 차라리 연자맷돌이 그 목에 매여 바다에 던져지는 것이 나으리라

팔다리나 눈으로
죄를 범해 불지옥에
갈 바에야 차라리
그것을 버리고 영생에
들어가는 것이 낫다고
말씀하신 예수

⁴³만일 네 손이 너를 범죄하게 하거든 찍어버리라 장애인으로 영생에 들어가는 것이 두 손을 가지고 지옥 곧 꺼지지 않는 불에 들어가는 것보다 나으니라 ⁴⁴(없음) ⁴⁵만일 네 발이 너를 범죄하게 하거든 찍어버리라 다리 저는 자로 영생에 들어가는 것이 두 발을 가지고 지옥에 던져지는 것보다 나으니라 ⁴⁶(없음) ⁴⁷만일 네 눈이 너를 범죄 하게 하거든 빼버리라 한 눈으로 하나님의 나라에 들어가는 것이 두 눈을 가지고 지옥에 던져지는 것보다 나으니라 ⁴⁸거기에서는 구더기도 죽지 않고 불도 꺼지지 아니하느니라 ⁴⁹사람마다 불로써 소금 치듯 함을 받으리라

화목을 위해
간직해야 할 짠 소금

⁵⁰소금은 좋은 것이로되 만일 소금이 그 맛을 잃으면 무엇으로 이를 짜게 하리요 너희 속에 소금을 두고 서로 화목하라 하시니라

21. 바리새인들과 아이들을 통해 드러나는 마음의 중요성

모세의 가르침을
근거로 이혼에 대한
의견을 묻는
바리새인들에게,
하나님의 뜻을 들어
이혼의 불가함을
말씀하신 예수

10 예수께서 거기서 떠나 유대 지경과 요단 강 건너편으로 가시니 무리가 다시 모여들거늘 예수께서 다시 전례대로 가르치시더니 ²바리새인들이 예

예수의 마지막 가르침

수께 나아와 그를 시험하여 묻되 사람이 아내를 버리는 것이 옳으니이까 ³대답하여 이르시되 모세가 어떻게 너희에게 명하였느냐 ⁴이르되 모세는 이혼 증서를 써주어 버리기를 허락하였나이다 ⁵예수께서 그들에게 이르시되 너희 마음이 완악함으로 말미암아 이 명령을 기록하였거니와 ⁶창조 때로부터 사람을 남자와 여자로 지으셨으니 ⁷이러므로 사람이 그 부모를 떠나서 ⁸그 둘이 한 몸이 될지니라 이러한즉 이제 둘이 아니요 한 몸이니 ⁹그러므로 하나님이 짝지어 주신 것을 사람이 나누지 못할지니라 하시더라

이혼에 담긴 간음의 마음을 지적하신 예수

¹⁰집에서 제자들이 다시 이 일을 물으니 ¹¹이르시되 누구든지 그 아내를 버리고 다른 데에 장가드는 자는 본처에게 간음을 행함이요 ¹²또 아내가 남편을 버리고 다른 데로 시집가면 간음을 행함이니라

아이들을 막는 제자들에게 하나님 나라에서 그들이 중요함을 가르치신 예수

¹³사람들이 예수께서 만져 주심을 바라고 어린 아이들을 데리고 오매 제자들이 꾸짖거늘 ¹⁴예수께서 보시고 노하시어 이르시되 어린 아이들이 내게 오는 것을 용납하고 금하지 말라 하나님의 나라가 이런 자의 것이니라 ¹⁵내가 진실로 너희에게 이르노니 누구든지 하나님의 나라를 어린 아이와 같이 받들지 않는 자는 결단코 그곳에 들어가지 못하리라 하시고 ¹⁶그 어린아이들을 안고 그들 위에 안수하시고 축복하시니라

22. 제자가 된다는 것의 의미와 서열

[17]예수께서 길에 나가실새 한 사람이 달려와서 꿇어 앉아 묻자오되 선한 선생님이여 내가 무엇을 하여야 영생을 얻으리이까 [18]예수께서 이르시되 네가 어찌하여 나를 선하다 일컫느냐 하나님 한 분 외에는 선한 이가 없느니라 [19]네가 계명을 아나니 살인하지 말라, 간음하지 말라, 도둑질하지 말라, 거짓 증언 하지 말라, 속여 빼앗지 말라, 네 부모를 공경하라 하였느니라 [20]그가 여짜오되 선생님이여 이것은 내가 어려서부터 다 지켰나이다 [21]예수께서 그를 보시고 사랑하사 이르시되 네게 아직도 한 가지 부족한 것이 있으니 가서 네게 있는 것을 다 팔아 가난한 자들에게 주라 그리하면 하늘에서 보화가 네게 있으리라 그리고 와서 나를 따르라 하시니 [22]그 사람은 재물이 많은 고로 이 말씀으로 인하여 슬픈 기색을 띠고 근심하며 가니라

[23]예수께서 둘러보시고 제자들에게 이르시되 재물이 있는 자는 하나님의 나라에 들어가기가 심히 어렵도다 하시니 [24]제자들이 그 말씀에 놀라는지라 예수께서 다시 대답하여 이르시되 얘들아 하나님의 나라에 들어가기가 얼마나 어려운지 [25]낙타가 바늘귀로 나가는 것이 부자가 하나님의 나라에 들어가는 것보다 쉬우니라 하시니 [26]제자들이 매우 놀라 서로 말하되 그런즉 누가 구원을 얻을 수 있는가 하니 [27]예수께서 그들을 보시며 이르시되 사람으로는 할 수 없으되 하나님으로는 그렇지 아니하니 하나님으로서는 다 하실 수 있느니라

예수의 마지막 가르침

모든 것을 버린
제자들에게, 박해를
겸한 축복과 영생이
있음을 순서의 역전과
함께 말씀하신 예수

28 베드로가 여짜와 이르되 보소서 우리가 모든 것을 버리고 주를 따랐나이다 29예수께서 이르시되 내가 진실로 너희에게 이르노니 나와 복음을 위하여 집이나 형제나 자매나 어머니나 아버지나 자식이나 전토를 버린 자는 30현세에 있어 집과 형제와 자매와 어머니와 자식과 전토를 백 배나 받되 박해를 겸하여 받고 내세에 영생을 받지 못할 자가 없느니라 31그러나 먼저 된 자로서 나중 되고 나중 된 자로서 먼저 될 자가 많으니라

예루살렘에
가는 것을 두려워하는
제자들에게 죽음과
부활을 말씀하시는 예수

32예루살렘으로 올라가는 길에 예수께서 그들 앞에 서서 가시는데 그들이 놀라고 따르는 자들은 두려워하더라 이에 다시 열두 제자를 데리시고 자기가 당할 일을 말씀하여 이르시되 33보라 우리가 예루살렘에 올라가노니 인자가 대제사장들과 서기관들에게 넘겨지매 그들이 죽이기로 결의하고 이방인들에게 넘겨주겠고 34그들은 능욕하며 침 뱉으며 채찍질하고 죽일 것이나 그는 삼일 만에 살아나리라 하시니라

의미도 모른 채
예수의 좌우편 자리를
구하는 야고보와
요한에게, 그 자리는
하나님이 정하신 것임을
말씀하신 예수

35세베대의 아들 야고보와 요한이 주께 나아와 여짜오되 선생님이여 무엇이든지 우리가 구하는 바를 우리에게 하여 주시기를 원하옵나이다 36이르시되 너희에게 무엇을 하여 주기를 원하느냐 37여짜오되 주의 영광중에서 우리를 하나는 주의 우편에, 하나는 좌편에 앉게 하여 주옵소서 38예수께서 이르시되 너희는 너희가 구하는 것을 알지 못하는도다 내가 마시는 잔을 너희가 마실 수 있으며 내가 받는 세례를 너희가 받을 수 있느냐 39그들이 말하되 할 수 있나이다 예수께서 이르시되 너희는 내가 마시는 잔을 마시

며 내가 받는 세례를 받으려니와 ⁴⁰내 좌우편에 앉는
것은 내가 줄 것이 아니라 누구를 위하여 준비되었
든지 그들이 얻을 것이니라

⁴¹열 제자가 듣고 야고보와 요한에 대하여 화를 내
거늘 ⁴²예수께서 불러다가 이르시되 이방인의 집권자
들이 그들을 임의로 주관하고 그 고관들이 그들에게
권세를 부리는 줄을 너희가 알거니와 ⁴³너희 중에는
그렇지 않을지니 너희 중에 누구든지 크고자 하는
자는 너희를 섬기는 자가 되고 ⁴⁴너희 중에 누구든지
으뜸이 되고자 하는 자는 모든 사람의 종이 되어야
하리라 ⁴⁵인자가 온 것은 섬김을 받으려 함이 아니라
도리어 섬기려 하고 자기 목숨을 많은 사람의 대속
물로 주려 함이니라

23. 눈을 뜨고 예수를 따르게 된 바디메오

⁴⁶그들이 여리고에 이르렀더니 예수께서 제자들과 허
다한 무리와 함께 여리고에서 나가실 때에 디매오의
아들인 맹인 거지 바디매오가 길 가에 앉았다가 ⁴⁷나
사렛 예수시란 말을 듣고 소리 질러 이르되 다윗의
자손 예수여 나를 불쌍히 여기소서 하거늘 ⁴⁸ 많은
사람이 꾸짖어 잠잠하라 하되 그가 더욱 크게 소리
질러 이르되 다윗의 자손이여 나를 불쌍히 여기소서
하는지라 ⁴⁹ 예수께서 머물러 서서 그를 부르라 하시
니 그들이 그 맹인을 부르며 이르되 안심하고 일어나
라 그가 너를 부르신다 하매 ⁵⁰맹인이 겉옷을 내버리
고 뛰어 일어나 예수께 나아오거늘 ⁵¹예수께서 말씀

하여 이르시되 네게 무엇을 하여 주기를 원하느냐 맹인이 이르되 선생님이여 보기를 원하나이다 [52]예수께서 이르시되 가라 네 믿음이 너를 구원하였느니라 하시니 그가 곧 보게 되어 예수를 길에서 따르니라

24. 호산나 환호 속에 성전을 둘러보신 후 성전을 척결하신 예수

11 그들이 예루살렘에 가까이 와서 감람 산 벳바게와 베다니에 이르렀을 때에 예수께서 제자 중 둘을 보내시며 2이르시되 너희는 맞은편 마을로 가라 그리로 들어가면 곧 아직 아무도 타 보지 않은 나귀 새끼가 매여 있는 것을 보리니 풀어 끌고 오라 3만일 누가 너희에게 왜 이렇게 하느냐 묻거든 주가 쓰시겠다 하라 그리하면 즉시 이리로 보내리라 하시니 4제자들이 가서 본즉 나귀 새끼가 문 앞 거리에 매여 있는지라 그것을 푸니 5거기 서 있는 사람 중 어떤 이들이 이르되 나귀 새끼를 풀어 무엇하려느냐 하매 6제자들이 예수께서 이르신 대로 말한대 이에 허락하는지라

7나귀 새끼를 예수께로 끌고 와서 자기들의 겉옷을 그 위에 얹어 놓으매 예수께서 타시니 8많은 사람들은 자기들의 겉옷을, 또 다른 이들은 들에서 벤 나뭇가지를 길에 펴며 9앞에서 가고 뒤에서 따르는 자들이 소리 지르되 호산나 찬송하리로다 주의 이름으로 오시는 이여 10찬송하리로다 오는 우리 조상 다윗의 나라여 가장 높은 곳에서 호산나 하더라 11예수께서 예루살렘에 이르러 성전에 들어가사 모든 것을 둘러보시고 때가 이미 저물매 열두 제자를 데리시고 베다니에 나가시니라

> 예수께서 가르쳐 준 대로 새끼 나귀 한 마리를 구해 온 두 제자

> 무리들의 호산나 환호를 받으며 성전에 들어가셨다가 다시 돌아오신 예수

열매 없는
무화과나무를
저주하신 예수

¹²이튿날 그들이 베다니에서 나왔을 때에 예수께서 시장하신지라 ¹³멀리서 잎사귀 있는 한 무화과나무를 보시고 혹 그 나무에 무엇이 있을까 하여 가셨더니 가서 보신즉 잎사귀 외에 아무것도 없더라 이는 무화과의 때가 아님이라 ¹⁴예수께서 나무에게 말씀하여 이르시되 이제부터 영원토록 사람이 네게서 열매를 따 먹지 못하리라 하시니 제자들이 이를 듣더라

상인들을 내쫓으며
성전의 목적을
선포하심으로써
살해 표적이 된 예수

¹⁵그들이 예루살렘에 들어가니라 예수께서 성전에 들어가사 성전 안에서 매매하는 자들을 내쫓으시며 돈 바꾸는 자들의 상과 비둘기 파는 자들의 의자를 둘러엎으시며 ¹⁶아무나 물건을 가지고 성전 안으로 지나다님을 허락하지 아니하시고 ¹⁷이에 가르쳐 이르시되 기록된 바 내 집은 만민이 기도하는 집이라 칭함을 받으리라고 하지 아니하였느냐 너희는 강도의 소굴을 만들었도다 하시매 ¹⁸대제사장들과 서기관들이 듣고 예수를 어떻게 죽일까 하고 꾀하니 이는 무리가 다 그의 교훈을 놀랍게 여기므로 그를 두려워함일러라

성 밖으로 나감

¹⁹그리고 날이 저물매 그들이 성 밖으로 나가더라

25. 기도에 필요한 믿음과 용서

마른 무화과나무를
본 제자들에게,
기도하고 구한 것은
받은 줄로 믿으라고
말씀하신 예수

²⁰그들이 아침에 지나갈 때에 무화과나무가 뿌리째 마른 것을 보고 ²¹베드로가 생각이 나서 여짜오되 랍비여 보소서 저주하신 무화과나무가 말랐나이다 ²²

예수께서 그들에게 대답하여 이르시되 하나님을 믿
으라 ²³내가 진실로 너희에게 이르노니 누구든지 이
산더러 들리어 바다에 던져지라 하며 그 말하는 것이
이루어질 줄 믿고 마음에 의심하지 아니하면 그대로
되리라 ²⁴그러므로 내가 너희에게 말하노니 무엇이든
지 기도하고 구하는 것은 받은 줄로 믿으라 그리하
면 너희에게 그대로 되리라

²⁵서서 기도할 때에 아무에게나 혐의가 있거든 용서
하라 그리하여야 하늘에 계신 너희 아버지께서도 너
희 허물을 사하여 주시리라 하시니라 ²⁶(없음)

다른 사람을 용서하여
하나님께 용서함을 받으라

26. 책잡으려는 종교 지도자들의 도전과 예수의 가르침

²⁷그들이 다시 예루살렘에 들어가니라 예수께서 성
전에서 거니실 때에 대제사장들과 서기관들과 장로
들이 나아와 ²⁸이르되 무슨 권위로 이런 일을 하느냐
누가 이런 일 할 권위를 주었느냐 ²⁹예수께서 이르시
되 나도 한 말을 너희에게 물으리니 대답하라 그리하
면 나도 무슨 권위로 이런 일을 하는지 이르리라 ³⁰요
한의 세례가 하늘로부터냐 사람으로부터냐 내게 대
답하라 ³¹그들이 서로 의논하여 이르되 만일 하늘로
부터라 하면 어찌하여 그를 믿지 아니하였느냐 할 것
이니 ³²그러면 사람으로부터라 할까 하였으나 모든
사람이 요한을 참 선지자로 여기므로 그들이 백성을
두려워하는지라 ³³이에 예수께 대답하여 이르되 우리
가 알지 못하노라 하니 예수께서 이르시되 나도 무슨
권위로 이런 일을 하는지 너희에게 이르지 아니하리

권력자들이 권위의
출처를 묻자, 세례 요한의
권위 출처를 질문으로
되물으신 예수

예수의 마지막 가르침

라 하시니라

12 예수께서 비유로 그들에게 말씀하시되 한 사람이 포도원을 만들어 산울타리로 두르고 즙 짜는 틀을 만들고 망대를 지어서 농부들에게 세로 주고 타국에 갔더니 2때가 이르매 농부들에게 포도원 소출 얼마를 받으려고 한 종을 보내니 3그들이 종을 잡아 심히 때리고 거저 보내었거늘 4다시 다른 종을 보내니 그의 머리에 상처를 내고 능욕하였거늘 5또 다른 종을 보내니 그들이 그를 죽이고 또 그 외 많은 종들도 더러는 때리고 더러는 죽인지라 6이제 한 사람이 남았으니 곧 그가 사랑하는 아들이라 최후로 이를 보내며 이르되 내 아들은 존대하리라 하였더니 7그 농부들이 서로 말하되 이는 상속자니 자 죽이자 그러면 그 유산이 우리 것이 되리라 하고 8이에 잡아 죽여 포도원 밖에 내던졌느니라 9포도원 주인이 어떻게 하겠느냐 와서 그 농부들을 진멸하고 포도원을 다른 사람들에게 주리라 10너희가 성경에 건축자들이 버린 돌이 모퉁이의 머릿돌이 되었나니 11이것은 주로 말미암아 된 것이요 우리 눈에 놀랍도다 함을 읽어 보지도 못하였느냐 하시니라 12그들이 예수의 이 비유가 자기들을 가리켜 말씀하심인 줄 알고 잡고자 하되 무리를 두려워하여 예수를 두고 가니라

13그들이 예수의 말씀을 책잡으려 하여 바리새인과 헤롯당 중에서 사람을 보내매 14와서 이르되 선생님이여 우리가 아노니 당신은 참되시고 아무도 꺼리는 일이 없으시니 이는 사람을 외모로 보지 않고 오직

진리로써 하나님의 도를 가르치심이니이다 가이사에게 세금을 바치는 것이 옳으니 이까 옳지 아니하니이까 15우리가 바치리이까 말리이까 한대 예수께서 그 외식함을 아시고 이르시되 어찌하여 나를 시험하느냐 데나리온 하나를 가져다가 내게 보이라 하시니 16가져왔거늘 예수께서 이르시되 이 형상과 이 글이 누구의 것이냐 이르되 가이사의 것이니이다 17이에 예수께서 이르시되 가이사의 것은 가이사에게, 하나님의 것은 하나님께 바치라 하시니 그들이 예수께 대하여 매우 놀랍게 여기더라

18부활이 없다 하는 사두개인들이 예수께 와서 물어 이르되 19선생님이여 모세가 우리에게 써 주기를 어떤 사람의 형이 자식이 없이 아내를 두고 죽으면 그 동생이 그 아내를 취하여 형을 위하여 상속자를 세울지니라 하였나이다 20칠 형제가 있었는데 맏이가 아내를 취하였다가 상속자가 없이 죽고 21둘째도 그 여자를 취하였다가 상속자가 없이 죽고 셋째도 그렇게 하여 22일곱이 다 상속자가 없었고 최후에 여자도 죽었나이다 23일곱 사람이 다 그를 아내로 취하였으니 부활 때 곧 그들이 살아날 때에 그 중의 누구의 아내가 되리이까 24예수께서 이르시되 너희가 성경도 하나님의 능력도 알지 못하므로 오해함이 아니냐 25사람이 죽은 자 가운데서 살아날 때에는 장가도 아니 가고 시집도 아니 가고 하늘에 있는 천사들과 같으니라 26죽은 자가 살아난다는 것을 말할진대 너희가 모세의 책 중 가시나무 떨기에 관한 글에 하나님께서 모세에게 이르시되 나는 아브라함의 하나님이

요 이삭의 하나님이요 야곱의 하나님이로라 하신 말씀을 읽어보지 못하였느냐 [27]하나님은 죽은 자의 하나님이 아니요 산 자의 하나님이시라 너희가 크게 오해하였도다 하시니라

하나님 사랑과
이웃 사랑이 핵심
계명임을 인정한
서기관을 칭찬하신 예수

[28]서기관 중 한 사람이 그들이 변론하는 것을 듣고 예수께서 잘 대답하신 줄을 알고 나아와 묻되 모든 계명 중에 첫째가 무엇이니이까 [29]예수께서 대답하시되 첫째는 이것이니 이스라엘아 들으라 주 곧 우리 하나님은 유일한 주시라 [30]네 마음을 다하고 목숨을 다하고 뜻을 다하고 힘을 다하여 주 너의 하나님을 사랑하라 하신 것이요 [31]둘째는 이것이니 네 이웃을 네 자신과 같이 사랑하라 하신 것이라 이보다 더 큰 계명이 없느니라 [32]서기관이 이르되 선생님이여 옳소이다 하나님은 한 분이시요 그 외에 다른 이가 없다 하신 말씀이 참이니이다 [33]또 마음을 다하고 지혜를 다하고 힘을 다하여 하나님을 사랑하는 것과 또 이웃을 자기 자신과 같이 사랑하는 것이 전체로 드리는 모든 번제물과 기타 제물보다 나으니이다 [34]예수께서 그가 지혜 있게 대답함을 보시고 이르시되 네가 하나님의 나라에서 멀지 않도다 하시니 그 후에 감히 묻는 자가 없더라

다윗의 자손
메시아를 다윗이
'주'라고 부른 것의
오류를 지적하신 예수

[35]예수께서 성전에서 가르치실새 대답하여 이르시되 어찌하여 서기관들이 그리스도를 다윗의 자손이라 하느냐 [36]다윗이 성령에 감동되어 친히 말하되 주께서 내 주께 이르시되 내가 네 원수를 네 발아래에 둘 때까지 내 우편에 앉았으라 하셨도다 하였느니라 [37]다윗이 그리스도를 주라 하였은즉 어찌 그의 자손이

되겠느냐 하시니

³⁸예수께서 가르치실 때에 이르시되 긴 옷을 입고 다니는 것과 시장에서 문안받는 것과 ³⁹회당의 높은 자리와 잔치의 윗자리를 원하는 서기관들을 삼가라 ⁴⁰그들은 과부의 가산을 삼키며 외식으로 길게 기도하는 자니 그 받는 판결이 더욱 중하리라 하시니라

⁴¹예수께서 헌금함을 대하여 앉으사 무리가 어떻게 헌금함에 돈 넣는가를 보실새 여러 부자는 많이 넣는데 ⁴²한 가난한 과부는 와서 두 렙돈 곧 한 고드란트를 넣는지라 ⁴³예수께서 제자들을 불러다가 이르시되 내가 진실로 너희에게 이르노니 이 가난한 과부는 헌금함에 넣는 모든 사람보다 많이 넣었도다 ⁴⁴그들은 다 그 풍족한 중에서 넣었거니와 이 과부는 그 가난한 중에서 자기의 모든 소유 곧 생활비 전부를 넣었느니라 하시니라

27. 종말의 징후와 준비 자세

거대한 성전에
감탄하는 제자에게
폐허가 될 것임을
말씀하신 예수

13 예수께서 성전에서 나가실 때에 제자 중 하나가 이르되 선생님이여 보소서 이 돌들이 어떠하며 이 건물들이 어떠하니이까 ²예수께서 이르시되 네가 이 큰 건물들을 보느냐 돌 하나도 돌 위에 남지 않고 다 무너뜨려지리라 하시니라

성전이 폐허가 될
때를 묻는 제자들에게
재난의 시작을 알리는
현상들을 가르쳐 주신 예수

³예수께서 감람 산에서 성전을 마주 대하여 앉으셨을 때에 베드로와 야고보와 요한과 안드레가 조용히 묻되⁴ 우리에게 이르소서 어느 때에 이런 일이 있겠사오며 이 모든 일이 이루어지려 할 때에 무슨 징조가 있사오리이까 ⁵예수께서 이르시되 너희가 사람의 미혹을 받지 않도록 주의하라 ⁶많은 사람이 내 이름으로 와서 이르되 내가 그라 하여 많은 사람을 미혹하리라 ⁷난리와 난리의 소문을 들을 때에 두려워하지 말라 이런 일이 있어야 하되 아직 끝은 아니니라 ⁸ 민족이 민족을, 나라가 나라를 대적하여 일어나겠고 곳곳에 지진이 있으며 기근이 있으리니 이는 재난의 시작이니라

복음으로 인한
박해 속에서
성령의 도움과
인내로 얻는 구원

⁹너희는 스스로 조심하라 사람들이 너희를 공회에 넘겨주겠고 너희를 회당에서 매질하겠으며 나로 말미암아 너희가 권력자들과 임금들 앞에 서리니 이는 그들에게 증거가 되려 함이라 ¹⁰또 복음이 먼저 만국에 전파되어야 할 것이니라 ¹¹사람들이 너희를 끌어다가 넘겨 줄 때에 무슨 말을 할까 미리 염려하지 말

고 무엇이든지 그때에 너희에게 주시는 그 말을 하라 말하는 이는 너희가 아니요 성령이시니라 [12]형제가 형제를, 아버지가 자식을 죽는 데에 내주며 자식들이 부모를 대적하여 죽게 하리라 [13]또 너희가 내이름으로 말미암아 모든 사람에게 미움을 받을 것이나 끝까지 견디는 자는 구원을 받으리라

[14]멸망의 가증한 것이 서지 못할 곳에 선 것을 보거든 (읽는 자는 깨달을진저) 그때에 유대에 있는 자들은 산으로 도망할지어다 [15]지붕 위에 있는 자는 내려가지도 말고 집에 있는 무엇을 가지러 들어가지도 말며 [16]밭에 있는 자는 겉옷을 가지러 뒤로 돌이키지 말지어다 [17]그 날에는 아이 밴 자들과 젖먹이는 자들에게 화가 있으리로다 [18]이 일이 겨울에 일어나지 않도록 기도하라 [19]이는 그날들이 환난의 날이 되겠음이라 하나님께서 창조하신 시초부터 지금까지 이런 환난이 없었고 후에도 없으리라 [20]만일 주께서 그날들을 감하지 아니하셨더라면 모든 육체가 구원을 얻지 못할 것이거늘 자기가 택하신 자들을 위하여 그날들을 감하셨느니라 [21]그 때에 어떤 사람이 너희에게 말하되 보라 그리스도가 여기 있다 보라 저기 있다 하여도 믿지 말라 [22]거짓 그리스도들과 거짓 선지자들이 일어나서 이적과 기사를 행하여 할 수만 있으면 택하신 자들을 미혹하려 하리라 [23]너희는 삼가라 내가 모든 일을 너희에게 미리 말하였노라

[24]그 때에 그 환난 후 해가 어두워지며 달이 빛을 내지 아니하며 [25]별들이 하늘에서 떨어지며 하늘에 있는 권능들이 흔들리리라 [26]그 때에 인자가 구름을

타고 큰 권능과 영광으로 오는 것을 사람들이 보리라 27또 그때에 그가 천사들을 보내어 자기가 택하신 자들을 땅 끝으로부터 하늘 끝까지 사방에서 모으리라

아버지만 아시는 그 날이 도둑같이 임할 것이니, 내 말을 토대로 항상 깨어 있으라고 말씀하신 예수

28무화과나무의 비유를 배우라 그 가지가 연하여지고 잎사귀를 내면 여름이 가까운 줄 아나니 29이와 같이 너희가 이런 일이 일어나는 것을 보거든 인자가 가까이 곧 문 앞에 이른 줄 알라 30내가 진실로 너희에게 말하노니 이 세대가 지나가기 전에 이 일이 다 일어나리라 31천지는 없어지겠으나 내 말은 없어지지 아니하리라 32그러나 그날과 그때는 아무도 모르나니 하늘에 있는 천사들도, 아들도 모르고 아버지만 아시느니라 33주의하라 깨어 있으라 그때가 언제인지 알지 못함이라 34가령 사람이 집을 떠나 타국으로 갈 때에 그 종들에게 권한을 주어 각각 사무를 맡기며 문지기에게 깨어 있으라 명함과 같으니 35그러므로 깨어 있으라 집 주인이 언제 올는지 혹 저물 때일는지, 밤중일는지, 닭 울 때일는지, 새벽일는지 너희가 알지 못함이라 36그가 홀연히 와서 너희가 자는 것을 보지 않도록 하라 37깨어 있으라 내가 너희에게 하는 이 말은 모든 사람에게 하는 말이니라 하시니라

Deep Learning Mark
딥러닝으로 읽는 마가복음

예수의
죽음과 부활

마가복음 14:1 ~ 16:20

28. 배신자 유다와 함께한 최후의 만찬

예수를 살해할
계획을 세우는
종교 지도자들

14 이틀이 지나면 유월절과 무교절이라 대제사장들과 서기관들이 예수를 흉계로 잡아 죽일 방도를 구하며 2이르되 민란이 날까 하노니 명절에는 하지 말자 하더라

여인의 행동을
책망하는 사람들에게,
그녀의 행동이 복음과
함께 전파될 것이라고
말씀하신 예수

3예수께서 베다니 나병환자 시몬의 집에서 식사하실 때에 한 여자가 매우 값진 향유 곧 순전한 나드 한 옥합을 가지고 와서 그 옥합을 깨뜨려 예수의 머리에 부으니 4 어떤 사람들이 화를 내어 서로 말하되 어찌하여 이 향유를 허비하는가 5이 향유를 삼백 데나리온 이상에 팔아 가난한 자들에게 줄 수 있었겠도다 하며 그 여자를 책망하는지라 6예수께서 이르시되 가만 두라 너희가 어찌하여 그를 괴롭게 하느냐 그가 내게 좋은 일을 하였느니라 7가난한 자들은 항상 너희와 함께 있으니 아무 때라도 원하는 대로 도울 수 있거니와 나는 너희와 항상 함께 있지 아니하리라 8그는 힘을 다하여 내 몸에 향유를 부어 내 장례를 미리 준비하였느니라 9내가 진실로 너희에게 이르노니 온 천하에 어디서든지 복음이 전파되는 곳에는 이 여자가 행한 일도 말하여 그를 기억하리라 하시니라

대제사장들에게 간
배신자 가룻 유다

10열둘 중의 하나인 가룻 유다가 예수를 넘겨주려고 대제사장들에게 가매 11그들이 듣고 기뻐하여 돈을 주기로 약속하니 유다가 예수를 어떻게 넘겨 줄까

하고 그 기회를 찾더라

[12]무교절의 첫날 곧 유월절 양 잡는 날에 제자들이 예수께 여짜오되 우리가 어디로 가서 선생님께서 유월절 음식을 잡수시게 준비하기를 원하시나이까 하매 [13]예수께서 제자 중의 둘을 보내시며 이르시되 성내로 들어가라 그리하면 물 한 동이를 가지고 가는 사람을 만나리니 그를 따라가서 [14]어디든지 그가 들어가는 그 집 주인에게 이르되 선생님의 말씀이 내가 내 제자들과 함께 유월절 음식을 먹을 나의 객실이 어디 있느냐 하시더라 하라 [15]그리하면 자리를 펴고 준비한 큰 다락방을 보이리니 거기서 우리를 위하여 준비하라 하시니 [16]제자들이 나가 성내로 들어가서 예수께서 하시던 말씀대로 만나 유월절 음식을 준비하니라

[17]저물매 그 열둘을 데리시고 가서 [18]다 앉아 먹을 때에 예수께서 이르시되 내가 진실로 너희에게 이르노니 너희 중의 한 사람 곧 나와 함께 먹는 자가 나를 팔리라 하신대 [19]그들이 근심하며 하나씩 하나씩 나는 아니지요 하고 말하기 시작하니 [20]그들에게 이르시되 열둘 중의 하나 곧 나와 함께 그릇에 손을 넣는 자니라 [21]인자는 자기에 대하여 기록된 대로 가거니와 인자를 파는 그 사람에게는 화가 있으리로다 그 사람은 차라리 나지 아니하였더라면 자기에게 좋을 뻔하였느니라 하시니라

[22]그들이 먹을 때에 예수께서 떡을 가지사 축복하시고 떼어 제자들에게 주시며 이르시되 받으라 이것은

내 몸이니라 하시고 ²³또 잔을 가지사 감사 기도 하시고 그들에게 주시니 다 이를 마시매 ²⁴이르시되 이것은 많은 사람을 위하여 흘리는 나의 피 곧 언약의 피니라 ²⁵진실로 너희에게 이르노니 내가 포도나무에서 난 것을 하나님 나라에서 새것으로 마시는 날까지 다시 마시지 아니하리라 하시니라

29. 감람산에서 마지막 기도를 드린 후 붙잡히신 예수

감람산에서
제자들의 부인을
예고하신 예수께
절대 부인하지 않겠다고
다짐하는 제자들

²⁶이에 그들이 찬미하고 감람 산으로 가니라 ²⁷예수께서 제자들에게 이르시되 너희가 다 나를 버리리라 이는 기록된 바 내가 목자를 치리니 양들이 흩어지리라 하였음이니라 ²⁸그러나 내가 살아난 후에 너희보다 먼저 갈릴리로 가리라 ²⁹베드로가 여짜오되 다 버릴지라도 나는 그리하지 않겠나이다 ³⁰예수께서 이르시되 내가 진실로 네게 이르노니 오늘 이 밤 닭이 두 번 울기 전에 네가 세 번 나를 부인하리라 ³¹베드로가 힘 있게 말하되 내가 주와 함께 죽을지언정 주를 부인하지 않겠나이다 하고 모든 제자도 이와 같이 말하니라

깨어 있으라고
하신 세 명의 제자들
옆에서, 피하기를
원하면서도 하나님의
뜻이 우선임을
기도하신 예수

³²그들이 겟세마네라 하는 곳에 이르매 예수께서 제자들에게 이르시되 내가 기도할 동안에 너희는 여기 앉아 있으라 하시고 ³³베드로와 야고보와 요한을 데리고 가실새 심히 놀라시며 슬퍼하사 ³⁴말씀하시되 내 마음이 심히 고민하여 죽게 되었으니 너희는 여기 머물러 깨어 있으라 하시고 ³⁵조금 나아가사 땅에 엎드리어 될 수 있는 대로 이때가 자기에게서 지나가기

를 구하여 ³⁶이르시되 아빠 아버지여 아버지께는 모든 것이 가능하오니 이 잔을 내게서 옮기시옵소서 그러나 나의 원대로 마시옵고 아버지의 원대로 하옵소서 하시고

³⁷돌아오사 제자들이 자는 것을 보시고 베드로에게 말씀하시되 시몬아 자느냐 네가 한 시간도 깨어 있을 수 없더냐 ³⁸시험에 들지 않게 깨어 있어 기도하라 마음에는 원이로되 육신이 약하도다 하시고 ³⁹다시 나아가 동일한 말씀으로 기도하시고 ⁴⁰다시 오사 보신즉 그들이 자니 이는 그들의 눈이 심히 피곤함이라 그들이 예수께 무엇으로 대답할 줄을 알지 못하더라 ⁴¹세 번째 오사 그들에게 이르시되 이제는 자고 쉬라 그만 되었다 때가 왔도다 보라 인자가 죄인의 손에 팔리느니라 ⁴²일어나라 함께 가자 보라 나를 파는 자가 가까이 왔느니라

⁴³예수께서 말씀하실 때에 곧 열둘 중의 하나인 유다가 왔는데 대제사장들과 서기관들과 장로들에게서 파송된 무리가 검과 몽치를 가지고 그와 함께 하였더라 ⁴⁴예수를 파는 자가 이미 그들과 군호를 짜 이르되 내가 입 맞추는 자가 그이니 그를 잡아 단단히 끌어 가라 하였는지라 ⁴⁵이에 와서 곧 예수께 나아와 랍비여 하고 입을 맞추니 ⁴⁶그들이 예수께 손을 대어 잡거늘

⁴⁷곁에 서 있는 자 중의 한 사람이 칼을 빼어 대제사장의 종을 쳐 그 귀를 떨어뜨리니라 ⁴⁸예수께서 무리에게 말씀하여 이르시되 너희가 강도를 잡는 것 같이

검과 몽치를 가지고 나를 잡으러 나왔느냐 [49]내가 날마다 너희와 함께 성전에 있으면서 가르쳤으되 너희가 나를 잡지 아니하였도다 그러나 이는 성경을 이루려 함이니라 하시더라 [50]제자들이 다 예수를 버리고 도망하니라

예수를 좇다 잡혀
벗은 몸으로
도망간 한 청년

[51]한 청년이 벗은 몸에 베 홑이불을 두르고 예수를 따라가다가 무리에게 잡히매 [52]베 홑이불을 버리고 벗은 몸으로 도망하니라

30. 모함받으신 예수와 예수를 부인하는 베드로

예수가 끌려온
집 뜰 안에서
불을 쬐는 베드로

[53]그들이 예수를 끌고 대제사장에게로 가니 대제사장들과 장로들과 서기관들이 다 모이더라 [54]베드로가 예수를 멀찍이 따라 대제사장의 집 뜰 안까지 들어가서 아랫사람들과 함께 앉아 불을 쬐더라

일치하지 않는
거짓 증언들

[55]대제사장들과 온 공회가 예수를 죽이려고 그를 칠 증거를 찾되 얻지 못하니 [56]이는 예수를 쳐서 거짓 증언 하는 자가 많으나 그 증언이 서로 일치하지 못함이라 [57]어떤 사람들이 일어나 예수를 쳐서 거짓 증언 하여 이르되 [58]우리가 그의 말을 들으니 손으로 지은 이 성전을 내가 헐고 손으로 짓지 아니한 다른 성전을 사흘 동안에 지으리라 하더라 하되 [59]그 증언도 서로 일치하지 않더라

자신을 메시아라고
말한 예수께 신성모독
죄를 씌워 사형에
동조하고 희롱하게 한
대제사장

[60]대제사장이 가운데 일어서서 예수에게 물어 이르되 너는 아무 대답도 없느냐 이 사람들이 너를 치는 증거가 어떠하냐 하되 [61]침묵하고 아무 대답도 아니

하시거늘 대제사장이 다시 물어 이르되 네가 찬송받을 이의 아들 그리스도냐 ⁶²예수께서 이르시되 내가 그니라 인자가 권능자의 우편에 앉은 것과 하늘 구름을 타고 오는 것을 너희가 보리라 하시니 ⁶³대제사장이 자기 옷을 찢으며 이르되 우리가 어찌 더 증인을 요구하리요 ⁶⁴그 신성 모독 하는 말을 너희가 들었도다 너희는 어떻게 생각하느냐 하니 그들이 다 예수를 사형에 해당한 자로 정죄하고 ⁶⁵어떤 사람은 그에게 침을 뱉으며 그의 얼굴을 가리고 주먹으로 치며 이르되 선지자 노릇을 하라 하고 하인들은 손바닥으로 치더라

⁶⁶베드로는 아랫뜰에 있더니 대제사장의 여종 하나가 와서 ⁶⁷베드로가 불 쬐고 있는 것을 보고 주목하여 이르되 너도 나사렛 예수와 함께 있었도다 하거늘 ⁶⁸베드로가 부인하여 이르되 나는 네가 말하는 것이 무엇인지 알지도 못하고 깨닫지도 못하겠노라 하며 앞뜰로 나갈새 ⁶⁹여종이 그를 보고 곁에 서 있는 자들에게 다시 이르되 이 사람은 그 도당이라 하되 ⁷⁰또 부인하더라 조금 후에 곁에 서 있는 사람들이 다시 베드로에게 말하되 너도 갈릴리 사람이니 참으로 그 도당이니라 ⁷¹그러나 베드로가 저주하며 맹세하되 나는 너희가 말하는 이 사람을 알지 못하노라 하니 ⁷²닭이 곧 두 번째 울더라 이에 베드로가 예수께서 자기에게 하신 말씀 곧 닭이 두 번 울기 전에 네가 세 번 나를 부인하리라 하심이 기억되어 그 일을 생각하고 울었더라

31. 빌라도의 사형 선고와 예수를 희롱하는 군인과 무리

유대인의 왕이라는 인정 외에는 어떠한 고발에도 무반응인 예수를 이상하게 여긴 빌라도

15 새벽에 대제사장들이 즉시 장로들과 서기관들 곧 온 공회와 더불어 의논하고 예수를 결박하여 끌고 가서 빌라도에게 넘겨주니 ²빌라도가 묻되 네가 유대인의 왕이냐 예수께서 대답하여 이르시되 네 말이 옳도다 하시매 ³대제사장들이 여러 가지로 고발하는지라 ⁴빌라도가 또 물어 이르되 아무 대답도 없느냐 그들이 얼마나 많은 것으로 너를 고발하는가 보라 하되 ⁵예수께서 다시 아무 말씀으로도 대답하지 아니하시니 빌라도가 놀랍게 여기더라

명절 특사 대상으로 예수가 아닌 바라바를 요구하는 무리의 요청에 따라 예수에게 십자가 형을 선고한 빌라도

⁶명절이 되면 백성들이 요구하는 대로 죄수 한 사람을 놓아 주는 전례가 있더니 ⁷민란을 꾸미고 그 민란 중에 살인하고 체포된 자 중에 바라바라 하는 자가 있는지라 ⁸무리가 나아가서 전례대로 하여 주기를 요구한대 ⁹빌라도가 대답하여 이르되 너희는 내가 유대인의 왕을 너희에게 놓아 주기를 원하느냐 하니 ¹⁰이는 그가 대제사장들이 시기로 예수를 넘겨 준 줄 앎이러라 ¹¹그러나 대제사장들이 무리를 충동하여 도리어 바라바를 놓아 달라 하게 하니 ¹²빌라도가 또 대답하여 이르되 그러면 너희가 유대인의 왕이라 하는 이를 내가 어떻게 하랴 ¹³그들이 다시 소리 지르되 그를 십자가에 못 박게 하소서 ¹⁴빌라도가 이르되 어찜이냐 무슨 악한 일을 하였느냐 하니 더욱 소리 지르되 십자가에 못 박게 하소서 하는지라 ¹⁵빌라도가 무리에게 만족을 주고자 하여 바라바는 놓아주고 예수는 채찍질하고 십자가에 못 박히게 넘겨 주니라

[16]군인들이 예수를 끌고 브라이도리온이라는 뜰 안으로 들어가서 온 군대를 모으고 [17]예수에게 자색 옷을 입히고 가시관을 엮어 씌우고 [18]경례하여 이르되 유대인의 왕이여 평안할지어다 하고 [19]갈대로 그의 머리를 치며 침을 뱉으며 꿇어 절하더라 [20]희롱을 다한 후 자색 옷을 벗기고 도로 그의 옷을 입히고 십자가에 못 박으려고 끌고 나가니라

[21]마침 알렉산더와 루포의 아버지인 구레네 사람 시몬이 시골로부터 와서 지나가는데 그들이 그를 억지로 같이 가게 하여 예수의 십자가를 지우고 [22]예수를 끌고 골고다라 하는 곳 (번역하면 해골의 곳) 에 이르러 [23]몰약을 탄 포도주를 주었으나 예수께서 받지 아니하시니라 [24]십자가에 못 박고 그 옷을 나눌새 누가 어느 것을 가질까 하여 제비를 뽑더라

[25]때가 제삼시가 되어 십자가에 못 박으니라 [26]그 위에 있는 죄패에 유대인의 왕이라 썼고 [27]강도 둘을 예수와 함께 십자가에 못 박으니 하나는 그의 우편에, 하나는 좌편에 있더라 [28](없음)

[29]지나가는 자들은 자기 머리를 흔들며 예수를 모욕하여 이르되 아하 성전을 헐고 사흘에 짓는다는 자여 [30]네가 너를 구원하여 십자가에서 내려오라 하고 [31]그와 같이 대제사장들도 서기관들과 함께 희롱하며 서로 말하되 그가 남은 구원하였으되 자기는 구원할 수 없도다 [32]이스라엘의 왕 그리스도가 지금 십자가에서 내려와 우리가 보고 믿게 할지어다 하며 함께 십자가에 못 박힌 자들도 예수를 욕하더라

예수의 죽음과 부활

32. 무덤에 안치되신 예수와 찢어진 휘장, 그리고 변화된 백부장

흑암이 하늘을
덮은 뒤, 마지막
외침을 하고 숨을
거두시자 찢어진 휘장

[33]제육시가 되매 온 땅에 어둠이 임하여 제구시까지 계속하더니 [34]제구시에 예수께서 크게 소리 지르시되 엘리 엘리 라마 사박다니 하시니 이를 번역하면 나의 하나님, 나의 하나님 어찌하여 나를 버리셨나이까 하는 뜻이라 [35]곁에 섰던 자 중 어떤 이들이 듣고 이르되 보라 엘리야를 부른다 하고 [36]한 사람이 달려가서 해면에 신 포도주를 적시어 갈대에 꿰어 마시게 하고 이르되 가만 두라 엘리야가 와서 그를 내려 주나 보자 하더라 [37]예수께서 큰 소리를 지르시고 숨지시니라 [38]이에 성소 휘장이 위로부터 아래까지 찢어져 둘이 되니라

신앙 고백을 한
백부장과 예수 곁을
지킨 여인들

[39]예수를 향하여 섰던 백부장이 그렇게 숨지심을 보고 이르되 이 사람은 진실로 하나님의 아들이었도다 하더라 [40]멀리서 바라보는 여자들도 있었는데 그 중에 막달라 마리아와 또 작은 야고보와 요세의 어머니 마리아와 또 살로메가 있었으니 [41]이들은 예수께서 갈릴리에 계실 때에 따르며 섬기던 자들이요 또 이 외에 예수와 함께 예루살렘에 올라온 여자들도 많이 있었더라

빌라도에게서
시신을 받아 무덤에
안치한 아리마대 요셉

[42]이 날은 준비일 곧 안식일 전날이므로 저물었을 때에[43]아리마대 사람 요셉이 와서 당돌히 빌라도에게 들어가 예수의 시체를 달라 하니 이 사람은 존경받는 공회원이요 하나님의 나라를 기다리는 자라 [44]빌라도는 예수께서 벌써 죽었을까 하고 이상히 여겨 백부장을 불러 죽은 지가 오래냐 묻고 [45]백부장에게

알아본 후에 요셉에게 시체를 내주는지라 ⁴⁶요셉이
세마포를 사서 예수를 내려다가 그것으로 싸서 바위
속에 판 무덤에 넣어 두고 돌을 굴려 무덤 문에 놓으
매

예수의 부활과 제자들의 복음 전파

33. 빈 무덤, 그리고 부활한 예수를 본 자들과 불신자들

⁴⁷막달라 마리아와 요세의 어머니 마리아가 예수 둔 곳을 보더라 **16** 안식일이 지나매 막달라 마리아와 야고보의 어머니 마리아와 또 살로메가 가서 예수께 바르기 위하여 향품을 사다 두었다가 ²안식 후 첫날 매우 일찍이 해 돋을 때에 그 무덤으로 가며 ³서로 말하되 누가 우리를 위하여 무덤 문에서 돌을 굴려 주리요 하더니 ⁴눈을 들어본즉 벌써 돌이 굴려져 있는데 그 돌이 심히 크더라

⁵무덤에 들어가서 흰 옷을 입은 한 청년이 우편에 앉은 것을 보고 놀라매 ⁶청년이 이르되 놀라지 말라 너희가 십자가에 못 박히신 나사렛 예수를 찾는구나 그가 살아나셨고 여기 계시지 아니하니라 보라 그를 두었던 곳이니라 ⁷가서 그의 제자들과 베드로에게 이르기를 예수께서 너희보다 먼저 갈릴리로 가시나니 전에 너희에게 말씀하신 대로 너희가 거기서 뵈오리라 하라 하는지라 ⁸여자들이 몹시 놀라 떨며 나와 무덤에서 도망하고 무서워하여 아무에게 아무 말도 하지 못하더라

⁹[예수께서 안식 후 첫날 이른 아침에 살아나신 후 전에 일곱 귀신을 쫓아내어 주신 막달라 마리아에게 먼저 보이시니 ¹⁰마리아가 가서 예수와 함께 하던 사람들이 슬퍼하며 울고 있는 중에 이 일을 알리매 ¹¹그들은 예수께서 살아나셨다는 것과 마리아에

게 보이셨다는 것을 듣고도 믿지 아니하니라

¹²그 후에 그들 중 두 사람이 걸어서 시골로 갈 때에 예수께서 다른 모양으로 그들에게 나타나시니 ¹³두 사람이 가서 남은 제자들에게 알리었으되 역시 믿지 아니하니라

34. 지상 대명령 위임과 실천

¹⁴그 후에 열한 제자가 음식 먹을 때에 예수께서 그들에게 나타나사 그들의 믿음 없는 것과 마음이 완악한 것을 꾸짖으시니 이는 자기가 살아난 것을 본 자들의 말을 믿지 아니함 일러라 ¹⁵또 이르시되 너희는 온 천하에 다니며 만민에게 복음을 전파하라 ¹⁶믿고 세례를 받는 사람은 구원을 얻을 것이요 믿지 않는 사람은 정죄를 받으리라 ¹⁷믿는 자들에게는 이런 표적이 따르리니 곧 그들이 내 이름으로 귀신을 쫓아내며 새 방언을 말하며 ¹⁸뱀을 집어올리며 무슨 독을 마실지라도 해를 받지 아니하며 병든 사람에게 손을 얹은즉 나으리라 하시더라 ¹⁹주 예수께서 말씀을 마치신 후에 하늘로 올려 지사 하나님 우편에 앉으시니라

²⁰제자들이 나가 두루 전파할새 주께서 함께 역사하사 그 따르는 표적으로 말씀을 확실히 증언하시니라]

　딥러닝바이블과 함께 마가복음의 여정을 걸어오신 여러분께 진심으로 감사드리며 축복의 마음을 전합니다. 이 책은 단순한 성경 해설서가 아니라, 마가복음을 새로운 시각으로 경험하고 깊이 이해할 수 있도록 돕기 위해 만들어졌습니다. 이 책을 통해 하나님의 말씀과 주님의 사랑을 한층 가깝게 느끼셨기를 바랍니다.

　마가복음을 따라 예수님의 발자취를 밟아가는 동안, 그분의 가르침이 여러분의 마음에 깊이 새겨졌기를 소망합니다. 복잡하게 느껴졌던 성경의 이야기가 마인드맵과 이미지로 더 생생해지고, 다섯 단계로 나눈 과정에서 말씀의 진정한 의미가 여러분의 삶 속에 스며들었기를 바랍니다.

성경을 읽는 시간은 단순히 책장을 넘기는 것이 아니라, 주님의 말씀을 통해 우리 자신을 돌아보고 삶의 방향을 찾는 귀한 시간입니다. 딥러닝바이블이 그런 의미에서 여러분의 신앙 여정에 작은 등불이 되고자 했습니다. 이제 마가복음의 이야기가 여러분의 삶 속에서 살아 움직이며, 주님의 사랑과 은혜가 매일의 삶을 비추기를 기도합니다.

이 책은 여기서 끝나지만, 여러분의 신앙 여정은 계속됩니다. 딥러닝바이블이 그 여정에서 언제나 함께하는 동반자가 되기를 바랍니다. 마가복음을 다시 읽고 싶을 때, 새로운 깨달음을 얻고 싶을 때, 언제든 이 책을 펼쳐 주님의 말씀과 다시 만나기를 소망합니다.

더 많은 분들과
딥러닝바이블의 감동을 나누세요!

더 많은 분들과 함께 나누고 싶으시다면,
또는 선물로 드리고 싶으시다면, 추가 구매가 가능합니다.
딥러닝바이블을 추가로 구매하고 싶으시다면,
아래 링크를 통해 언제든지 주문하실 수 있습니다.

***2024년 11월 30일 이후 부터 구매 가능**

도서출판동행 홈페이지

도서구입 메뉴에서 확인하실 수 있습니다.
홈페이지 | https://withyoubooks.com/books

QR코드를 스캔하세요

도서출판동행 와디즈 스토어

프로젝트 카테고리에서 확인하실 수 있습니다.
홈페이지 | https://www.wadiz.kr/web/maker/detail/2675789

QR코드를 스캔하세요
